非凡なる凡人将軍

下村定

最後の
陸軍大臣の葛藤

篠原昌人

芙蓉書房出版

非凡なる凡人将軍　下村定
最後の陸軍大臣の葛藤

目次

第三章　暴支膺懲の嵐のなかで……59

写真提供
毎日新聞社
河内節子氏
野間　恒氏

序章　ある交通事故

「二十四日午後九時半ごろ、東京都文京区春日町一ノ四ノ三の道路を横切ろうとした千葉県市川市新田一ノ一七九、前参院議員元陸軍大将下村定氏（八十）＝写真＝が江東区越中島一ノ三、国際興業会社の大型観光バス＝本多一夫運転手（二十六）に触れて倒れた。救急車で近くの神田・神保病院に運ばれたが、頭に三カ所の骨折があるほか、全身を打って二十五日午前零時ころ、死亡した」（昭和四十三年三月二十五日　朝日新聞）

社会面の一番下に載った小さな記事であった。その見出しは〝下村定元陸相が交通事故死〟となっていた。陸相の文字を見て新聞の読者は、ああ昔は陸軍大臣という人がいたなと記憶を呼び起こしたかもしれない。戦後すでに二十三年が過ぎ去り、この頃の日本は西ドイツを経済規模で上回ろうとしていた。かっての陸軍大将であっても、昭和四十三年となれば小さな事故死として扱われるのが自然であったろう。

下村定は最後の陸軍大臣であった。最後は阿南惟幾ではなかったかと思われる向きもあろう。

敗戦の八月十五日に割腹自決を遂げた阿南の印象が強烈なためであろうか。下村はその後任であり在任期間はわずか三ヶ月余り、昭和二十年八月から十一月末までであった。海軍の場合も戦時中に首相も務めた米内光政が最後の人であった。戦争が終わっても軍の組織は存続した。戦地には膨大な数の将兵が残されており、陸軍、海軍はその復員業務に当らねばならなかったからである。傍ら占領軍との折衝を通じて軍そのものをどうするかという難題もあった。後年下村は雑誌記事の中で、〃帝国陸軍の骨を拾う〃と自身を表現したことがある。その通り陸海軍は解体されたが、最後の陸軍大臣はいわば清算会社の社長を担わされたと言えよう。

「私心のない本当にきれいな父でした。行儀も良くて家の内で横になったり胡坐をかいた姿を見たことはありません」

娘の節子はこう回想する。娘である河内節子は戦後華々しく活動を始めた俳優座に入り、初めは女優として舞台に立ち後に演出家として腕を振るった。オペラの演出も精力的に手掛け、二期会や藤原歌劇団の指導、オペラ歌曲の翻訳家としても知られる存在である。

〃私心なし〃とは自らも認めるところであった。終戦の翌年巣鴨拘置所に抑留された時、軍人生活を総括して次のように書いた。表題は述懐とある。

「不肖生ヲ武家ニ享ケ父祖ノ遺志ヲ継ギテ軍職ヲ奉ズルコト四十年、忠誠　報国　聖諭ヲ奉体シ清廉無私ヲ信条トシテ一貫セリ　而シテ所謂軍閥的思想　武断侵畧主義ノ如キハ最モ好マザル處ニシテ　終始純真ナル武人ノ節操ヲ重ンジ些カモ不當ナル政治干與ノ言動ニ出タルコトナシ」

何やら道徳の鑑といった印象を与えるが、この陸軍大学校首席卒業の秀才はまことに家庭思いの主人であった。欧州駐在時代や中国大陸勤務の時、せっせと家族宛に和歌を添えて手紙を出している。夫人芳子の病気が治った時は、

〃病む人の癒へし便りに大空の晴れわたりたる心地こそすれ〃

また家族別れ別れに暮らす寂しさを、

〃親子三人別れて年を迎へしも戦ふ国のすがたこそ知れ〃

普通の夫、父親そのものである。

下村はフランスを中心にして欧州駐在が長く、フランス語で寝言を言うほど達者だったという。ニューヨークタイムズは、最も欧州情勢に通じた軍人として下村定と藤江恵輔を挙げている。この報道は昭和十九年十一月のことだ。藤江も大将まで昇進したが地味な印象だ。

吉田茂は下村を評価し、朝鮮戦争前後から防衛問題の相談役とした。イギリス武官を務めた辰巳栄一や日米交渉にあたった野村吉三郎らとともに、下村は六人委員会の一員として警察予備隊構想に貢献した。国際経験が長いという経歴が吉田の気にいったところだったのだろう。外交官の雰囲気もあったのだろうか。昭和三十四年からは参議院議員を一期勤めた。しかしつきとした帝国軍人の故か、生涯には三度自決を覚悟した時があった。節子が語る。

「父の話では、最初は何と言っても八月十五日でした。次は陸軍大臣の後、連合軍司令部から戦犯容疑者として逮捕された時です。三番目は再選を目指した参議院選挙で落選し、そのうえ選挙違反者まで出した時です。旧軍人として法を犯したことはたとえ自分でなくとも自決に値

すると感じたのです」

でも思いとどまった。人それぞれ身の処し方であるから批判する気は筆者にはない。

陸軍の最後にあたり、この男は半生を捧げたその組織を自分の手で壊さざるを得なかった。たとえそれが敗戦国の已むを得ざる運命だったにしろ、軍人としての通常の神経ではできなかったであろう。軍を失うことは国家を失うことと普通の国民（当時は臣民と言ったが）でも思っていた時代だった。

下村は陸軍士官学校二十期生、砲兵科の出身である。この期からはあと三人の大将が出た（皇族を除く）。吉本貞一（終戦後自決）、牛島満（沖縄戦で戦死）、木村兵太郎（A級戦犯処刑）である。三人とも悲しい最後であった。下村の軍歴は多くを参謀本部と教育機関で過ごした。自ら述べた通り政治に介入したり陰謀に加担したりした事は一切ない。だから陸軍大将といっても知られていない一面があるようだ。だがその実直性、平凡性が、戦後の陸軍解体にあたって大きな力となったのだと思われる。

第一章　陸軍大学校卒業講演

首席の講演「マルヌ河の会戦」

大正五年十一月二十五日、東京青山の陸軍大学校講堂では卒業式が行われていた。陸軍大学校は、明治十八年に第一期生を送り出して以来、この年で二十八期を数えていた。卒業生は五十六名、陸軍士官学校十八期から二十二期生であり、全員が三十歳前後の精気横溢した軍人であった。

校長河合操から一人ひとり卒業生の名が呼ばれる。なかでも優等と評された学生に列席者の眼は集まった。〝優等〟とひときわ高い声で呼ばれた名は、歩兵中尉・吉本貞一、歩兵中尉・橋本群、歩兵中尉・村上啓作、と続いた。そして〝首席〟とゆっくり発した後、述べられた名は、砲兵中尉・下村定であった。石川県の金沢一中から名古屋陸軍幼年学校、士官学校第二十期を経てここまで来た前途有為の三十歳である。

卒業証書を手にした誰もが肩の荷を降ろし喜びにあふれていた。だが下村だけは違った。彼には首席として最後にやる作業が残っているのである。卒業講演を並み居る列席者の前で行わなければならないのだ。陸軍大学校は作戦を教育する最高学府だ。だから参謀総長を始めおよそ作戦に関する要人は顔をそろえる。講演者を緊張させるのは、大元帥たる天皇陛下も列席者の一員であることだ。大正天皇がこの時列席されたかどうかは確としていない。だがたとえ玉座に姿はなくとも、下村は最高の上官を前に大学校教育で得た全てを披瀝する気持ちであったに違いない。

「今日わたくしが行いますお話は、現に進行中でありますす欧州大戦、ことに独仏がその劈頭においてぶつかりましたフランスはマルヌ河畔の会戦であります。

このマルヌ河とは、パリを流るるセーヌ河より北東に分かれる河川でして、パリ近傍の下流に於いては水深がありますが所々に徒渉点（筆者注・歩いて渡れる場所）があります。戦場となりましたフランス北部を観察しますれば、ヴェルダン—パリ間は大方において大平原でありまして森林地、湖水地も見受けられますが、概ね大軍の運用に適する地帯と言えましょう。

千九百十四年八月ドイツの大軍がベルギーに侵攻するや、フランスは当初の作戦計画を急きょ変更し、国軍の主力を北西方向にあたるベルギーとフランス国境地区に向けたのであります。八月二十日からドイツ軍とフランス・イギリス連合軍の衝突が始まります。連合軍は主として北と東の国境地帯で敵を迎撃するも、ドイツの勢いを止めることができず各所で敗退を重ねます。フランス軍の総司令官であるジョッフル元帥は次のように判断します。〝国境地帯を死守するも到底戦勢挽回の目途なく、寧ろ一時国土の一部を敵手に委ねるも断然戦闘を離脱し、更に適当なる地域に於いて兵力の充実、戦略配備の改善を行いたる後捲土重来の策に出づるを至当と認む〟こうしてジョッフルは全軍に退却を命じますが、状況の許す限り北方に於いて再び迎え撃つことを画策します。そこはパリから北百キロのエーヌ河でした。しかしドイツ軍は追撃の主力をフランス軍の左翼方面に向け、ジョッフルはエーヌ河での攻勢再開を断念します。かくして最後の抵抗線とも言うべきマルヌ河南岸に布陣したのが九月四日から五日でありました」

フランスは元々ドイツからの攻撃を防ぐため兵力の重点を東側国境に置いていた。「十七号計画」と呼ばれる防衛態勢である。この国の国境は先ずベルギー、ルクセンブルク、そしてドイツである。東側国境はドイツと接しておりここに重点配備するのは当然と考えられた。一八七〇年の普仏戦争の際は、プロイセン軍は東側、メッツ、セダンを目指してきた。負けたフランスはアルザス、ロートリンゲン地方を割譲された。フランス軍の配備は、何としてもここを取り戻すという燃ゆるが如き信念もあったのである。ヴェルダン要塞はその要であった。東から西に六個軍を配備した。ではベルギー方面は安全とみなしたのか。確信はなかったろうがひとまず大丈夫と政府・軍部は考えた。というのはドイツがベルギーに侵攻すれば、関係の深いイギリスが兵力を送って来ることは確実とみられたからである。ということはドイツにとっては敵が増えることになり、中立国ベルギーを侵してまでドイツは冒険すまいと判断したわけである。

では対するドイツの作戦方針はどうであったか。参謀総長モルトケの方針は、主力をベルギー、ルクセンブルクを経由して首都パリを目指す、というフランスの予想を覆すものであった。パリを迂回包囲するというシュリーフェンプランと呼ばれる構想があったが、モルトケ自身はこれにこだわっていなかったらしい。こうした計画があるということはフランス軍部もつかんでいた。しかし依然として東方重視の方針を変えなかった。それは全くの間違いではなかった。実際ドイツ軍はこの方面にも侵攻したからである。ドイツ軍は西から東に七個軍を配備したが、最大の兵力を擁する第一軍はベルギーを侵してやってきた。だからフランスは各軍から兵力を抽出し第六軍を編成しなければならなかったのである。ドイツ皇帝ヴィルヘルム二世は、ベルギーのアルベール国王に対しベルギー通過を通告した。ベルギー国王は一人怒りを露わにした。

「あいつは、ここを道だと思っているのか。ベルギーは道ではない。国だ」

小国ベルギーは果敢に応戦し、アントワープ要塞に立てこもってドイツ軍を悩ませたのである。

マルヌ河

「九月五日になり、ようやくジョッフルは攻勢移転の時期来たれり、と判断しました。前面のドイツ軍、特にパリを目標としていた第一軍は段々と方向を東南に転じております。この前面に布陣するフランス第五軍を突破し、パリとの間を遮断しようとしております。マルヌ河方面の兵力は連合軍が優勢でありました。フランスとしてはパリ前面の敵に対して、新鋭第六軍とイギリス軍を合わせて一挙に殺到するという方針でした。ジョッフルは、全面反撃にあたり将兵にあて悲壮の檄を飛ばしております。〝今や必勝の機至る　吾人の任務唯奮進あるのみ　死すとも退くこと勿れ　簡潔にして奮い立たせる文句ではありませぬか。ジョッフルの観るところ、ドイツの大軍は知らず知らずの内に湾曲した連合軍の戦線内に入ってきました。

大反攻は九月六日から全線で開始されました。特にフランス第六軍の出現はドイツ軍を驚かせました。最右翼のドイツ第一軍に対しフランス第六軍が攻撃をかけたのです。マルヌ河から北に分かれるウールク川で一進一退の攻防が続きますが、次第にドイツ軍は押されていきます。それというのもこの方面のドイツ兵は現役ではなく予備役であったからです。この状況を観た第一軍司令官クルックは、東南方面でイギリス軍と戦っていた兵力を苦戦中のウールク川に差し向けます。これは翌七日のことであります。中央部に於いてはドイツ軍の猛攻が続き、ここを死守しているフォッシュ将軍の第九軍が危うくなります。しかしフォッシュは断乎として屈せず攻撃命令を繰り返します。普通は歩兵の後方に位置すべき砲兵が、何と敵前百メートルにまで出て撃ちまくったというのですから只事ではありません。この野砲は七十五ミリ砲でありまして砲兵の技量も高くドイツのそれを上回っておりました。一方西の第六軍は、八日パリから自動車と鉄道輸送で兵力を増強しますがドイツ軍も増援され次第に苦境に陥ります。しかし何と言っても第六軍の存在はドイツ軍に危険を与えるものでした」

筆者は二〇一七年の春、マルヌ河を中心とした戦場一帯を駆け足であったが見て回った。

パリから列車で東に三十分ほど行くと、モー（Meaux）という町に着く。マルヌ河はこの町を流れるが、ここから北にウールク川が枝分れする。この一帯がフランス第六軍とドイツ第一軍の激戦地であった。また北東に足を進めてみると、ランス（Reims）という古都がある。パリより古い都だが、ここも一時ドイツ軍に占領された。さらにシャトーチエリー（Chateau-Thierry）、エペルネ（Epernay）などいずれも戦跡地である。

二〇一四年から第一次大戦百周年ということで、展示会、シンポジウム、書籍出版、演劇などいろいろな催しが開かれていた。

今日見る戦場は何の変哲もないのどかな平原である。春は黄色

マルヌ河会戦の戦場跡

の連翹《れんぎょう》が一斉に花開く。だがあちこちに白い墓石が並び、小学生の授業であろうか花を捧げる光景に出くわした。フランス語でいう、Grande Guerre は大戦争の意だが今日に至るも第一次世界大戦を意味している。

九月二日、ルクセンブルクのドイツ大本営から第一軍に対し次の訓令が届けられた。

「最高統帥部の意図は、仏軍をパリから切断して東南方向に駆逐するにあり　第一軍は梯次して第二軍に続行すべし」

梯次《ていじ》とは今日では聞かない言葉で国語辞典にも載っていないが、ハシゴのように順番に並ぶという意味であろう。

受け取ったクルック大将は首をかしげた。なぜなら第一軍はすでに第二軍より前方に位置していたからである。結局クルックは予備役軍を第二軍の横に梯次させ、主力は東南に前進したが後で新たな命令により後退している（訓令と命令は、前者が大まかな指針であるのに対し後者は厳格なものと解釈される）。元来ドイツの作戦方針は、先に述べたように主力をパリ方面に向けさせるものであった。つまり西南である。ところがここに至って東南となったのである。その理由は何か。それはパリへの旋回運動が困難となったことだ。ドイツは戦闘開始以来およそ二週間、休むことなく進撃を続けたため将兵の疲労が甚だしかった。そのため補給も滞りがちになり一個のパンを十四人で分けたところも出てきた。このうえ敵を圧迫しながらパリを目指すことはできない。モルトケはそう判断し、ともかく前面の敵を打ち破り中央突破の方針に切り替えた。マルヌ河を渡ってわが軍が中央に進出すれば、即ちパリを孤立させることができるからである。二〇一二年に出版された『仏独共同通史』はこの間の事情をこう書く。

「ドイツ軍司令部は敵を包囲するという当初の考えから、フランス軍の腹を裂くという考えに切り替えていた」

このドイツ軍の方向転換をいち早く見破ったフランスの将軍がいた。パリの防衛を担っていたガリエーニ少将である。ガリエーニは盛んに飛行偵察を繰り返していた。九月三日、飛行情報によりてっきり自分に向かって来るものと思っていたドイツ軍が、マルヌ河を東南方向に渡り始めていることを知ったのである。〝これぞ天の時〟とガリエーニは小躍りした。すぐさま電話を取り名も知らぬ小邑の修道院を呼び出した。フランス軍総司令部である。

「今敵は目の前のわが軍に右側をさらけだしておる。第六軍に命令を出し右側背に殺到させるのだ。祖国の安危は、ジョッフル君、君にかかっておるのだぞ」

少将はかつて総司令官の上司であった。ジョッフルはこの助言により攻勢移転を決意した。フランス政府は南方のボルドーに移っており、ジョッフルはポアンカレ大統領に六日より全面攻撃に移ることを連絡した。この第六軍の出現で、ドイツ第一軍は二個軍団を引き抜いて西のウールク川に向ける。対するフランス軍もパリの全タクシー二百五十台を使って兵隊を前線に送った。有名となったマルヌのタクシーである。

ガリエーニ将軍像

「フランスの全面反攻は一進一退を繰り広げました。局面の転機はイギリス軍でした。イギリスが狙いを定めたのは、敵第一軍と第二軍の空隙です。即ち第一軍の兵力転用によって生まれた幅四十キロの空間であります。フランス軍と協力してマルヌ河の北岸に進出し、一旦占領されたシャトー・チェリーを奪い返します。この形は特にドイツ第一軍に対し楔状的に突破される脅威を与えたものと申せましょう。合わせて第一軍の左側背を席巻する勢いでした。丁度過ぐる日露の役、奉天会戦に於ける第三軍を彷彿させるものがあります。第六軍は増加された敵軍の為反って包囲される危険が生じていました。しかしドイツ最高統帥部は全般の形勢から九日、退却行動を決断したのであります。

会戦の大略は以上の如くでありますが、終わりに望み一〜二私の所見を明らかにいたしたく思います。先ずは両軍の作戦指導から導き出される教訓であります。本会戦は結果として、フランスが包囲を目指しドイツは中央突破を試みました。双方ともに成功はしませんでしたが従来の原則を立証することになりました。つまり包囲は効果を上げやすく、中央突破は好んで用いるべき方策に非ずということです。中央突破の場合、一意専心前進に徹すればよい場合はともかく、側方に機動の余地がある限りは行うべきではないということです。側方の敵に当たらざるを得ず突破の威力も鈍るからであります。ドイツの中央突破は壮烈というべきでありましょうが側方の準備が不充分でありました。フランスの包囲は適切でありましたが一層大規模ならざるを遺憾とします。次に最高指揮官の決心についてであります。フランスは国境での戦いに敗れて以来、退却に退却を重ねました。国民の不満は軍にも政府にも向けられました。しかしジョッフルは確固たる信念のもとに決心は揺らぎませんでした。いつ、どこで反転攻撃に転ずるか、捲土重来の策に出るか心血を注いでおりました。反転攻撃の間にも各所で危機が報ぜられました。然るにジョッフルの攻撃の意図は変わらなかったわけであります」

ドイツが突然後退に転じたのは、最高統帥部、即ちモルトケ参謀総長の命令による。これを促したものに、ヘンチュ報告というものがあった。下村講演では出てこないが、重要な一件であるので見逃すわけにはいかない。

フランス軍の猛攻が始まり戦いたけなわの九月八日から九日にかけて、モルトケは状況を確かめるため一軍人を最前線に送った。モルトケの司令部はルクセンブルクの一学校にあり、戦いの場所とは何と二百キロ以上離れていた。このことはとかく批判される点であるが、モルトケの傍には皇帝ヴィルヘルム二世がおり、簡単には移動できなかったらしい。前線とは電話、無線、自動車という通信手段があったが、無線は常にエッフェル塔からの妨害電波によって攪乱《かくらん》されていた。そのため情報課長ヘンチュ中佐が派遣されたのである。

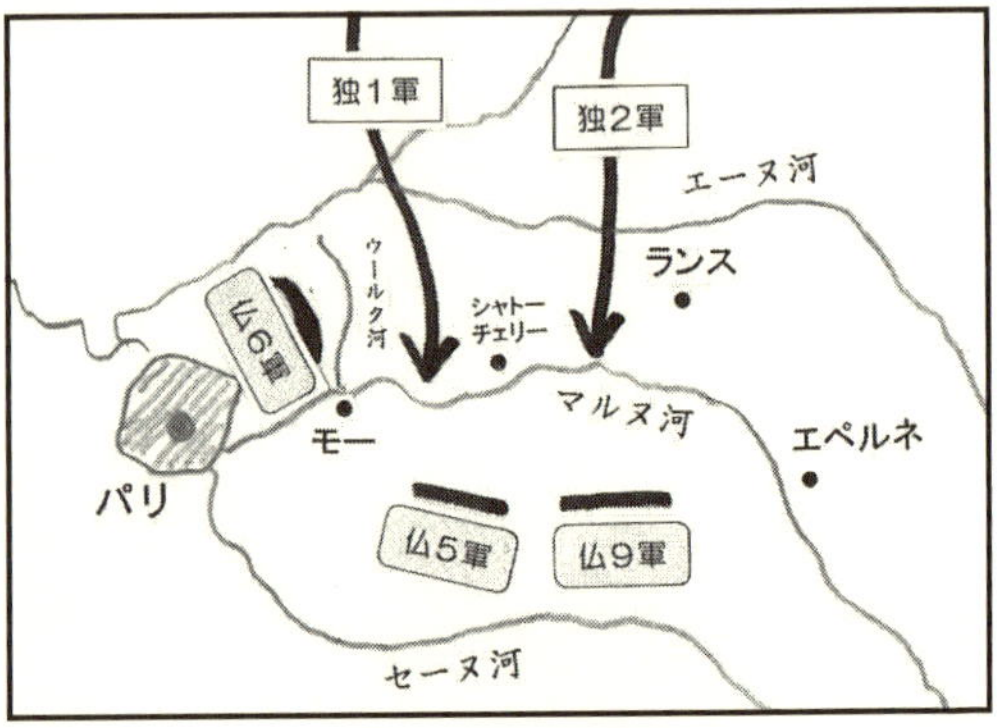

マルヌ河会戦要図

この派遣については、ヘンチュの任務が何だったのかをめぐって今に至るも議論が絶えない。状況把握についてはは異論はないものの、作戦指導も含まれていたのかについてははっきりしないのだ。ヘンチュ中佐は第二軍、第一軍と廻り、状況が悪化すれば退却を考慮すべしと両司令官に進言した。参謀総長モルトケが第一軍のウールク川戦闘、また英仏軍の間隙侵入について非常に心配していることを伝えた。これに対し第一軍司令官クルックは強気であり。第二軍司令官ビューローはやや弱気であったようである。その頃モルトケの耳には驚くべき情報が入っていた。ロシア北方のアルハンゲリスクから大軍が輸送せられ、フランスかベルギーに上陸するという。となるとドイツ軍は背後から重大な脅威を受けることになる。九月十日、ルクセンブルクの御前会議でモルトケは奏上した。

「今我が軍は稀薄なる戦線を成し、強大な兵力をどこにも集結することができません。ことに第一軍、第二軍が敵の攻撃に堪え得るかどうか疑問であります。まさに退却を考慮すべき時であります」

モルトケは普仏戦争時のモルトケ参謀総長の甥だが作戦指導に神経をすり減らし、最前線では負けていないのにドイツ軍の展開位置に大きな不安を覚えたのである。ここにフランスは救われドイツのパリ入城の夢は消え去った。ロシア軍の輸送は虚報であった。

このマルヌ会戦について新しい解釈を示した本が二〇一七年二月フランスで出版された。シルヴァン・フェレーラという歴史家の『マルヌ河――一つの戦術的勝利』である。戦術的勝利とは、著者によれば偏にジョッフルの指揮の卓抜さである。実際ジョッフルは、戦闘の推移に従って総司令部を彼方此方移動させて常に全局を把握していた。モルトケが、終始前線から遠いルクセンブルクを離れなかったのとは雲泥の差というわけだ。様々な局面で、勝つにせよ負けるにせよ総司令部の意志を効率的な通信で最前線に伝えた。

注目すべきはドイツ軍の思考システムも敗因につながったという見方だ。“**Auftragstaktik**”の欠陥であるという。直訳すると「任務を与える戦術」となるが日本陸軍はこれを〝独断〟又は〝独断専行〟と訳した。独断とは戦闘部隊に行動の自由を与えるという意味である。司令部の命令を実行するにあたり、前線部隊は実際の戦況を考慮して任務を達成しなければならない。即ち一時命令に反する行動であっても終局の目的達成であれば許容される。ドイツ陸軍は基本的な指示を示す訓令戦術を執っていた。

この著者の見方では独断方式は制限された戦場では有効だが、第一次大戦の広大な戦場では上級司令部の的確な指示が必要不可欠であるという。確かにフランス軍はマルヌ会戦に於いてよく通信連絡がとれていた。反対にドイツ軍は独断に頼り各々の動きが勝手な行動になったという。

卒業講演を無事終えた下村は、翌年に統帥の中心である参謀本部作戦課に入り大いに翼を伸ばしていく。

フランス戦勝記念塔

第二章　民本主義の渦のなかで

大正陸軍の始まり

帝国議会の建物はかって日比谷公園の近くにあった。大正と元号が変わった頃である。地名で言えば麹町区内幸町二丁目、今の経済産業省の場所である。ここに衆議院と貴族院が偉容を誇っていた。

大正二年二月二十七日は第三十議会が開かれていた時である。桂太郎内閣が倒れ、代わって山本権兵衛が新しく総理に就いた。陸軍大将から海軍大将へ、長州閥から薩摩閥へと、明治から幾度となく繰り返された交代劇ではあったが、今回は重要な特徴があった。前内閣首班桂太郎は国民の猛反発によって倒れたのであった。内大臣という、天皇の政治顧問ともいうべき地位から出て来た桂に対し、議員からも一般からも厳しい眼が注がれた。帝国議事堂の周囲は、抗議の声を上げた民衆によって二重三重に取り囲まれた。ニコッと笑ってポンと肩を叩き、近々君と飯を食おうという得意のニコポン収攬術も激高する内外の圧力には抗すべくもない。孤立無援、ついこの間まで日露戦争の殊勲者であったはずのニコポン総理は膝を屈した。二月十一日のことである。世にこれを大正政変という。

二月二十七日、衆議院議長大岡育造の指名を受けて登壇した痩軀の男、犬養毅。号して犬養木堂は大正政変の立役者であり、尾崎行雄と共に国民の人気も絶頂にあった。国民党という少数政党の党首であったが、かって西南戦争従軍記者として戦場を駆け巡った精気はいささかも衰えていない。本会議場を埋めた三百数十名の議員は、粛としてこの国民政治家の声に耳を傾けた。

「陸海軍の官制、陸海軍大臣は、現役大中将にあらざれば出来ないことになっておる。是は憲政運用の上に差支えありと認めるや否や、ということの問いに対し、前内閣桂大臣は憲政運用に差支えないと云う答弁をせられたのである。併しながら我々は、事実斯様な官制は憲政運用の上には非常な妨害を与えて居ると云うことは認めるのである。現内閣総理大臣は、果たして此の儘の官制で現在及未来に憲政運用の上に一切差支えないものと認められるや否や、是でございます」

この質問は陸海軍にとって、それまでの権限を奪われかねない重要な問題提起であった。答弁に立った山本権兵衛はそつなく次のように答えている。

「是又重大な問題でございまするによって、今申し上げましたる如く、等しく書面にて御尋ね下さることを偏に希望致し、併せて丁寧に又御答を致したいと思うのであります」

今の国会審議でもよく見られる、書面による質疑応答策をひとまず採ったわけである。総理の言の通り事は重大であった。

一体、憲政運用に差支えありなしとはどういうことか。憲政という言葉自体、今の世ではあまり耳にしない。犬養の言った〝差支え〟というのは、明治末期に起こったある政変のことを指している。明治最後の内閣は第二次西園寺内閣であった。明治四十五年七月に天皇は崩御され大正と御世は変わるが、その大正元年の末翌年度の予算編成をめぐってひと悶着が巻き起こったのだ。

問題の椅子にいたのは陸軍大臣上原勇作であった。上原は師団増設を含んだ陸軍予算を組み大蔵省に要求した。二個師団増設案と呼ばれている。日露戦争後の日本陸軍は、全国に十七個の師団を置いていた。この数は日露戦争時より四個増えている。陸軍省はあと二つを要求したわけである。なぜかというのに、明治四十三年に隣国韓国が日本に併合され、新たな領土防衛のために二個師団が必要というわけである。確かに理屈は通っている。

だがこの時代においても厳しい査定は行われた。その結果、山本達雄蔵相は二個師団分の予算は認めなかった。上原は諦めず、閣議の席でも西園寺総理に直訴したが応援する閣僚はなく葬り去られた。問題はこのあとに起こる。上原は即位間もない大正天皇に辞表を提出した。総理ではなく天皇に辞表を出したのは、陸海軍大臣は独自に天皇に対し重要事項を報告（上奏という）することが出来たのである。上原はこれを利用したのであった。しかも後任者についても西園寺に一切言質を与えなかった。つまり、ハイサヨナラという去り方であった。西園寺内閣は陸相不在となり瓦解したのである。たった一人の閣僚がいないだけで。

現代の感覚からすれば、ひとまず西園寺が陸相を兼ねればよいという声が起ころう。ところが陸海軍大臣には資格制限というものがあった。大臣は、現役軍人のなかの大将か中将に限られていたのである。次官も同じく現役の中将か少将である。この制度を軍部大臣現役制という。ならば西園寺は陸軍省に対し後任を出せと命ずればよいはずであった。働きかけはもちろんしたに違いない。しかし、陸軍からは適任者なしという返事であった。実のところ後任予定者がいないわけはないのである。つまり陸軍の要求を拒否したことに対する抗議、否そのレベルを超えた倒閣運動であった。このため西園寺は下野せざるを得なかったのである。

政権の順調な運営を妨げたのは、〝現役軍人〟という規定であった。これがあるために憲政の運用が妨げられたわけになる。上原の行動はその真意がどうであれ、国民の眼からすれば陸軍の横暴と映った。陸海軍大臣必ずしも現役に非ずとも良し、という主張は、大方の賛同を得るに違いないとの確信が犬養にはあったのである。

三月八日には、やはり犬養の同志、林毅陸議員も同じ質問をして政府を追及した。果たして山本権兵衛はどう考えていたのか。その答えは意外にも早く表れた。三月十一日の衆議院本会議で次のように言明したのである。

「施政の局に当たりまする者は、重きを政党に置き、国民の世論を尊重致しまするることは憲政の運用上最も必要なりと信ずるものでござります。如何にも現行制度は、憲政の運用上支障なきを保し難いのでござります。就きましては政府は之に対し慎重審議を尽して相当の改正を施すことを期して居ります」

現行制度、つまり陸海軍大臣の現役制は憲政運用上支障あり、とあっさり認めたのである。犬養の質問から二週間も経っていなかった。意外の対応の早さに国民党の面々も驚いたのではなかろうか。これにはどうも伏線があったようである。五日前の六日、内務大臣原敬と司法大臣松田正久は山本総理に詰め寄っている。原日記はこう記す。

「閣議後、松田と共に山本に、陸海軍大臣は現役に限るの規定を改むる事は、国内世論を緩和する要件にして又政友会の立場に於いても必要なりと内談せしに、山本は此事は既に陸海軍大臣に二回までも諮り置きたる次第なるが、両三日の勘考を望むと云えり」

政友会は山本権兵衛を支える柱であった。二日後、原は山本から木越安綱陸相が承諾したとの話を聞かされる。そして本会議の前日、総理は原を閣議前に秘かに呼び出し改正の決心を伝えたのである。山本権兵衛は内閣の公約として行政整理を掲げており、人材登用という観点から軍部大臣の範囲を広げたい考えであった。政友会としては、将来退役軍人を入党させることで閣僚ポストを増やす狙いもあったのだろう。とまれ政府・与党の足並みは揃い、〝現役〟の二文字は削られ大中将のみとなったのである。これは軍部民主化の大きな成果であると筆者は思っている。

軍部、ことに陸軍省は最後まで反対した。海軍の方は海軍大将山本権兵衛が総理であり、股肱の臣である斎藤実が海軍大臣であるから反対は少なかったようだ。陸軍では大臣木越中将のみ、その木越もぐらついた時はあったが、ともかく信念で現役制の改正に応じた。省内の担当部署が書類を作成しないため、大臣自ら改正案を起案し判を押し閣議にかけたのである。そもその起案部署は軍事課である。課長は宇垣一成であった。

宇垣は「陸海軍省官制ニ対スル研究」という反対文書を書き、各方面に配りさえした。筆者の名は明かさず、その代わり怪文書と頭に記した。しかしその中身は軍人としての素朴な考えを表している。官制改正は将来恐るべき悪影響を及ぼすとして四つの理由を挙げている。軍隊に党派的傾向を持ち込むこと、軍事上の発展を疎外すること、命令・服従の関係を破壊すること、統帥権の作用を害することであるという。要は、軍は純粋、中立であらねばならぬ、特に政治の影響を絶対に排せねばならぬ、ということか。これだけの意見を持っていた宇垣が昭和の陸相時代、三月事件という軍部クーデタ計画の首班にまつりあげられるのだから人間はわからない。

元々宇垣は政治性を帯びていたのであろう。結局、陸軍省内の抵抗も大臣の一徹を突き破ることはできなかった。木越は陸軍省全体が反対のなか、山本権兵衛をして陸相は精神異常ではないかと言わしめたほど苦悩した挙句決断した。木越安綱は日露戦争で大村旅団を率いて数々の戦功を樹て、この軍制改革でも歴史の一ページを飾った。だがこの民主改革も翌年のシーメンス事件で山本内閣が退陣した後、絶好の機会があったのに逸してしまった。

ポスト山本で浮かんだのが清浦奎吾であった。司法官僚の大御所だが、清浦は海軍大臣に加藤友三郎を内定した。加藤は関東大震災前に首相を務める男だ。加藤は清浦に対し海軍拡張予算を入閣の条件に出した。清浦はシーメンス事件直後の国民世論を考えて加藤と何度も協議を重ねた。しかし妥協点は見つからず加藤は降りてしまい、西園寺内閣と同様今度は海軍大臣の候補者が見当たらなくなったのである。このとき清浦は非現役の海軍大将中将を選考はしたようである。しかし懸命に努力はせずすごすごと大命を拝辞してしまったのである。何ゆえ新制度を使わないのか、もっとその努力をしないのか不可解である。

非現役制度は昭和十一年の二・二六事件後まで続くが、その間一人のリタイアー軍人も陸海軍大臣として登場しなかったのである。それだけ軍部の方が上手く立ち回ったと言えようが、結局は民主化は活かされなかったというべきであろう。

さて下村は、こうした国会の動きとは無縁であった。若き砲兵中尉として野砲兵第十四連隊で汗を流す毎日であった。

戦乱後のフランス駐在武官に

〝輔佐官の劇職に就きてより以来心あらすも永らくの御無沙汰、身は巴里の歓楽の巷にありて御馳走ばかりあって居るが、家族にこの楽しみを頒たぬ苦しさ否頒ち得ぬ苦しさ、又それから御身に深き悩みを興へたる罪、何卒御許し〟

と、そこまで筆を滑らした時、

「ボンジュール、リュトナン・コロネル・シモムラ、エスプレッソ」とフランス兵の声がした。下村大尉コーヒーですよ、といつも世話を焼いてくれる従卒である。「メルシー」と答えながら下村は筆をすすめた。

〝三月末歴史と又世界地理にも有名なる仏国新領地ライン河畔の大市街地ストラスブルグに派遣せられ、自動車砲兵連隊の一員となれり〟

頃は大正九年三月、ストラスブルグの一軒家で夕食後のコーヒーを飲みながら下村は芳子夫人宛に手紙を書いていた。

大正五年十一月に陸大をトップ卒業した下村は、参謀本部勤務となり、八年三月からフランス駐在となっていた。この時の日本大使は外務次官経験者の松井慶四郎で、松井は後に清浦内閣の外相となる。館員には後の総理大臣芦田均や東条内閣の外相谷正之がいた。陸軍武官は永井来中佐、海軍武官は後の海軍大臣大角岑生大佐だった。

下村は輔佐官になったと手紙に書いているが、正式の補佐官名簿には彼の名前がない。研究員としての派遣であったため、恐らく参謀本部から別の役目を仰せつかったのであろう。同じ時期、やはり陸大優等で卒業した吉本貞一、一期後輩の町尻量基も駐在となっていた。町尻は翌年から正式の陸軍武官補佐官となる。

パリ日本大使館はシャンゼリゼに近いオッシュ通り七番地にあり、この場所は今も変わらない。海外武官の役目は駐在国の情報収集であり、軍事面に重点が置かれるとはいえ任務としては種々雑多のものがあった。だが集めた情報は、大使はおろか外務省の担当部局に届くことはない。行く先は参謀本部の情報部局に報告される。外務省の情報、参謀本部の情報と二本立て

フランス時代の下村

ということになるが、相互に検討されることは戦前においては決してなかった。これは大きな欠点であった。

武官といえどもヨーロッパ社交の中心パリに滞在しているのだ。芳子夫人に書いているように交際のため歓楽の巷を歩き美食を味わった。だが文面から察するに食傷気味であったらしい。簡素であっても家族との団欒を何よりも好んだ下村であった。それでも真面目なこの陸軍大尉は（彼は参謀本部勤務時に大尉に昇進していた）ダンスも習った。けれど一週に一度しか時間がとれず物にならなかったという。

赴任半年にして下村は地方勤務を命ぜられた。先ず東部国境近くのツールという町であった。このツール、そして東のナンシーあたりは、先の大戦でフランス第一軍、二軍とドイツ第六軍、第七軍が激突した生々しい戦場である。

ツールでの勤務とは、おそらく現地部隊での研修、隊付勤務なのであろう。下村は陸大での卒業講演でマルヌ会戦を取り上げた。日本陸軍は第一次大戦では青島要塞戦が主であったため、四年にわたった陸戦から新しい教訓を得ようとしていた。そのため下村も積極的に戦場を巡って報告書を書いたに違いない。ツールではマダム・ロエーなる婦人の家で下宿生活を送った。続いてストラスブルグに移る。自動車砲兵連隊勤務の一日は次のようであった。

午前六時半　起床
午前七時　家主のマダムの手で朝食

午前七時半　自動車で出勤
午前八時　一時間程、自動車及びオートバイの運転練習　運転免許取得を目指す
午前九時　教練見学
正午　偕行社にて昼食
午後　教練
午後五時　ドイツ語の稽古
午後六時半　偕行社にて夕食
午後七時半　ある日はカフェー、ある日は音楽、ある日は劇場
午後十一時　帰宅

家主のマダムとあるが、ここでも一婦人の下宿に世話になったのだろう。面白いのは、この日課が芳子夫人宛の手紙に書かれていることだ。下村は小学校の学童さながらに、毎日こういうことをやっています、と忠実に報告しているのである。非常に珍しい御仁といえようが、彼はなかなかの愛妻家であったのだ。

〝御身に約束せし指環は既に上等の品を買ってあり安心あれ、朝夕思うのは一ヶ月でもいいから母上や御身と斯の如き生活をさせて見たきことなり〟

こうした文面から充分その思いが読み取れるではないか。日課中、ドイツ語の勉強が出てくるが、当時のストラスブルグはドイツ語が通常使われていた。ついこの間まで、戦争が終わる

までストラスブルグはドイツ領だったのである。一八七〇年の普仏戦争敗戦の結果であった。フランスが第一次大戦開戦の当初、東のドイツ国境に大軍を配したのは、奪われたアルザス・ロレーヌ地方を再びフランス領にするという強い決意の表われでもあったと言えよう。

第一次大戦に勝ったフランス国内では陸軍が全盛であったようだ。そのおかげか、東洋の一軍人である下村も〝モテテ、モテテ、仕方がない〟と手紙に書いている。

ストラスブルグでの勤務が終わると、下村はパリに呼び戻されフランス陸軍大学へ入学した。留学の総仕上げである。大学には陸士同期の吉本貞一もいた。ここは隊付勤務ではない。文字通り軍事の最高学府で高等兵学を習得するためであった。一体彼らは何を主として学んだのであろうか。確たる資料はないのだが、間違いなくフォッシュの戦争理論の講義を受けたことだろう。

フェルディナン・フォッシュはマルヌ会戦時、中央軍団の司令官として勇戦したことは前述した。大戦末期には連合軍の総司令官に昇りつめた。彼には『戦争の原則』、『戦争の指導』という名著があり、前者はフォッシュが陸軍大学教官の時、一九〇三年に公刊されたものである。日本の陸軍大学校は明治以来、ドイツのメッケル流の戦術教育、参謀演習が主流であり、戦争を全体としてとらえた授業は行われていなかった。これは最後まで、つまり日本の敗戦まで変わることはなく、陸大教育の大きな欠陥として指摘されるところである。

「ピレネー以内において真理であることが、ピレネーを超ゆれば誤りとなる」

戦争論の講義冒頭、フランス人の教官はこう言い放った。下村も吉本も意外な一言に身を乗り出した。両名の心の内には、〝いや戦術の真理は変わらぬはずだ、要は真理を実践できるかどうかだ〟との模範解答があるのだ。この教官は何を言い出すのだろうか。

「ピレネー以内、つまりスペイン国は大陸制覇の夢を放棄している。ではこの国は軍隊に何を要求しているのか。それは国家の保全に他ならない。ではピレネーをはるかに超えてロンドンに眼を転じてみよう。イギリスの陸海軍は果たして国の保全にのみ専念しているか」

教官の言によれば、イギリスは単なる島国ではなく、両半球にまたがる戦略を有する国であるという。そうなると、自然と軍隊の目的、手段もスペインとは違ってくるはずだ。さらにベルギーは、と話は続く。二人にとっては新鮮であった。内容は当然のことを言っているのだが、今までこうしたことを理路整然と聞いたことはなかった。戦術を遥かに超えた戦略、政略の話であった。

講義は戦争の目的に移っていく。

「ニホンハ、シント、センソウシマシタネ」

突然日本語が出て二人は驚いた。

「コノ、リエキ、ナンデショウ」

二人は顔を見合わせて答えよどむ。教官の説明はこうである。

近代の戦争は、国家の自由独立を獲得し保障することから始まった。アメリカ独立戦争やフランス革命を契機としたナポレオン戦争がそうだ。また種族、民族の統一を獲得する戦争が続いた。イタリア統一戦争、ドイツ統一戦争がこれであろう。そしてその次に来たのは何か。それは通商上の利益だという。下関条約によって日本は確かに台湾を得た。賠償金も得た。これら以上に見過ごすことのできないものは、中国の市場に入っていくことである、貿易が盛んになることである。事実、隣国の市場は日本にとっても中国にとっても互いに大切なものだ。威海衛や鴨緑江の砲声は、日本の商船隊に進路を与えたのだ、とウィットに富んだ表現で教官は講義を締めくくった。

それは政治学、経済学であり、日本の陸軍大学校では聞けない話であったに違いない。フランス人教官が日本語を使ったのには訳がある。何と陸軍大学には外国語科目として日本語も含まれていたのだ。〝遠い極東の日本語があることは、全く帝国国威発揚の結果と嬉しく感ずる次第〟と夫人に書き送っている。

武官輔佐官として、又ストラスブルク自動車砲兵連隊将校として陸軍全盛を味わった下村だったが、フランス自体が豊かであったわけではない。身近な例を通してそれを教えてくれた人物がいた。東久邇宮稔彦、終戦直後の内閣総理大臣になる男である。

稔彦王は士官学校の同期生であり同じ砲兵将校であった。下村より遅れること一年、大正九年にフランス留学となりパリ郊外フォンテーヌブローの砲兵学校に通った。洒脱な人柄で軍務の傍ら、パリのあちこちを時間の許す限り歩き回った。そこで観たものは、個人を尊重する自由主義だと自身思ったこの国が、大変な身分社会、階級社会であるということだった。

普通の家庭でも主人家族と使用人は出入り口が違う。家の中で使う階段も違うのだ。部屋であればなおさら、使用人は一室を与えられず屋根裏部屋である。軍隊でも同じことである。野外演習で民家に宿泊する場合、士官以上はベッドを使うが、兵隊は納屋か倉庫にごろ寝である。第一パリ市内のどこでも電気が灯くわけではないのだ。

「俺はこの間、知り合いのフランス人から日本には電気があるのかと真顔で聞かれ困ったよ」と、ルノーの自動車を運転しながら彼は下村に説明した。宮は自動車が大好きで運転技術も玄人はだしであった。

ある時、「君は菊五郎を知っているか」と問われ戸惑った。「殿下は歌舞伎がお好きなんですか」と言うと、歌舞伎を観たことはないという。「宮内省の方針とやらで、皇族は歌舞伎を見せてくれないんだよ、ひどい話さ」と、ぶちまけた。つまり、と続ける宮によれば、フランスの一部には日本の歌舞伎に大きな関心があり、なかでも名の知れた六代目尾上菊五郎をフランスに呼びたいという相談であった。下村には扱いかねる難問であったが、東久邇宮は積極的に大使館に運動した。ところが大使館ではどうしても首を縦にふらない。結局このイベント企画はお流れとなり、「大正の時代に菊五郎パリ公演が実現したのに」と、自著『やんちゃ孤独』で嘆くことになった。東久邇宮稔彦とは終生交友が続き、宮は内閣を組織するにあたり、下村を陸軍大臣に指名することとなるのである。

大正十一年になると、もう一人の青年皇族がパリにやってきた。やはり陸士二十期で兵種も同じ砲兵の、北白川宮成久王であった。下村も吉本も二人の殿下と行動を共にすることが多くなる。北白川宮が自動車事故で不慮の死を遂げるのは、下村が帰国した後の翌年四月のことである。

下村はかなり几帳面であったらしく、こまめにスケジュール管理をしていたようだ。現地での交際はできるだけフランス人と交わり、日本人倶楽部へはほとんど顔を出さなかった。日曜日となると、せっせと芳子夫人に手紙を書いた。

〃芳子の大きな目（大きな目と言へば欧羅巴に来て眼の偉大なるは美人之一大要素なることを感ずるや切、芳子に感謝する次第、モー悪口は一切言わぬから眼の小さくならぬ様大切に保存せられん事を望むアハヽヽ）でニラマルと一言ありませぬ〃

下村という人は秀才であるが同時に凡人なのだ。

軍隊とデモクラシー

大正時代を形容する言葉は何であろうか。成金、浪漫主義、普通選挙、スペイン風邪、大地震、今日は帝劇明日は三越、が思い浮かぶ。これらを総合すると、月並みだが〃大正デモクラシー〃となろうか。前記の言葉にはプラスもマイナスもあるのだが、デモクラシーで括ると結局、この時代は良き時代、という印象を与える。日本のベル・エポックというわけだ。第一次大戦による未曽有の好景気がベル・エポックを経済面から支えた。そして、デモクラシーという言葉を国民の間に浸透させた人物が現れる。東京帝大教授の吉野作造であった。実に吉野こそ、大正から昭和初期にかけての論壇で既成の政治制度に鋭くメスを入れた人物であった。その輝ける一文は、大正五年中央公論の新年号に表れた。

「憲政の本義を説いて其有終の美を済すの途を論ず」――これが論文の題名である。〝有終の美〟としたところが如何にも大正ロマンらしい。済する、とは今の国語辞典を引いてみても出てこないが、完成する、遂げるという意味であろう。

吉野はこの中でデモクラシーなる用語の解説を行っている。従来これを民主主義と解釈していたが、それは片面の解釈でしかないという。国民の主権は法理上人民に在り、とするのが民主主義である。今日の感覚からすれば当然であるが、吉野はこれだけでは足らないとするのだ。大正の御世、否明治から昭和の敗戦まで、国家の主権は天皇にあったことを思い出さねばならない。とすれば、民主主義は理論上あり得ても実際の用語としては不適当となる。そこで吉野としては、国家の主権の活動の基本的な目標は政治上人民に在るべし、という考えを打ち出す。そして、「我々は之を民本主義とするのである」と高らかに宣言する。

「所謂民本主義とは、法律の理論上主権の何人に在りやと云うことは措いて之を問わず、只其主権を行用するに当たって、主権者は須らく一般民衆の利益並びに意向を重んずるを方針とす可しという主張である」

吉野は民本主義という不朽の用語を作り出し国民の啓蒙に努めたのであった。

大正六年、この年は日本を含め全世界がスペイン風邪に苦しめられた一年であった。今で言う、インフルエンザ・パンデミックである。そしてこの年ロマノフ王朝のロシアで革命が成功した。歴史上初めて共産党が政権を握ったのである。吉野理論からすれば、労働者という人民が主権者となり、人民の利益を第一とする民本主義の国が誕生したとも言える。帝政ロシアを倒した新生国家ソヴィエトは赤い旗を靡かせていたため、革命や革命思想をアカと俗称するようになった。ロシア革命は巨大なショックを全世界に与え、日本でも数年を経ずしてコミンテルン極東支部が秘密裡に作られた。これぞ日本共産党である。巷ではアカの思想は過激主義、破壊主義としてとらえられた。デモクラシーという言葉をとらえてこれはアカなりとする曲解も表れた。日本はまだ外来思想については未熟だったと言える。しかし未熟ではあっても、デモクラシー、民本主義の波は世間を覆いつつあったのは間違いない。その波は軍隊にも寄せつつあった。

『偕行社記事』という雑誌がある（現在も『偕行』の誌名で続いている）。かっては主として陸軍士官のための月刊誌であった。その大正八年四月号と五月号に、その名も「軍隊とデモクラシー」という一文が載った。

「我陸軍将校の多くはデモクラシーと云うと、コレラかペストの様に思て居る人が多い、しかし何事も、食わず嫌い、と云う事が却って害の多いものである」と始まる文章は、予備役陸軍中将佐藤鋼次郎の手になるものである。佐藤は某将校にデモクラシーの意味を聞いたら、「能くは知らないが、何でも破壊主義のような事と思っている」と返ってきたと書いている。これを嘆いた佐藤は、中隊長以上にはデモクラシーの如何ぐらいは、それ以上の上官にはソシャリズムの如何ぐらいは知ってもらいたいと苦言を呈する。

ではデモクラシーを佐藤はどう説明しているのか。一言で言えば、人を人間らしく扱うべし、ということだ。「優美仁愛の心性こそ真のデモクラシーである」とする。これは実にわかりやすい。吉野の言う民本主義を持ち出さずに、その本質を突いている。だがと続けて、「軍人は戦場に臨んだら上官の命令次第、水火尚且つ辞せざるものであるから、指揮権の行使上に就いては絶対にデモクラシーの気風を許さぬものである」と釘をさすことも忘れない。けだし当然であろう。

では軍隊にはデモクラシーはないのかと言えば、そうではないのだ。指揮権行使以外の時は部下を慈しむということ、部下の意見を採用することに重きを置くべし、と強調するのである。佐藤は、「デモクラシーは蛇でもなければ蝎でもない、我国体と相容れないものでないばかりでなく、軍隊にも在る条件で採用し得るものである」と結論するのだ。

佐藤のこの一文は、『偕行社記事』の読者向けに書かれたものであり、実際の政策担当者に向けられたものではない。けれど読者には軍幹部も当然含まれているはずであり、貴重な提言にはなったであろう。佐藤鋼次郎は旅順要塞の陥落に貢献した野戦砲の専門家であり、大正時代は『偕行』誌上で大いに陸軍将校の啓蒙に努めた。

次に、実際に兵営にある現役兵はデモクラシーの台頭をどう感じていたか観てみたい。この点で貴重な資料を提供しているのが『兵営夜話』という手記である。著者は地方の連隊に勤務する一年志願兵で、大正十一年から十二年にかけての思索をまとめたものだ。一年志願兵とは、中学卒業以上の者が志願資格があり、従ってインテリ兵であった。その遠藤昇二という志願兵による『兵営夜話』には、内外の思想から始まって、兵営内の問題点、一般社会とのあり方など広範な内容が綴られている。

遠藤志願兵は、無政府主義、過激主義などの外来思想に対しては我国民が日本の国体を理解し君に報いる念に燃えているならば大丈夫、と一応は片づける。けれどそれには軍隊と一般社会との相互理解が必要とするのである。遠藤によれば、軍隊と一般社会、ことに地方人との関係は隔離しているという。つまり、軍隊は秘密主義を採って地方人の関心を遮断し、地方人は軍人を一種の高等遊民と見做している、と記している。

時あたかもワシントン軍縮会議が行われ、国内では山梨半造陸軍大臣による兵員削減が進行中であった。〝軍縮〟は流行語になり、軍人に対する風当りが強くなっていたのである。民衆は流行に左右されやすい。それにしても当時の一般社会の間に、軍人を〝高等遊民〟と見る目があったとは驚きの他はない。

遠藤は一般社会との融合策として軍人の方から歩み寄る必要があるとして、軍人の参政権を提唱するのである。「参政権があれば、自然多少とも政治に興味を持つ様になり、世間の事情を理解する様になると思ふ。かくして従来の軍人は没常識だと云う非難を免れる事が出来るのではなからうか」（一ノ瀬俊也『大正デモクラシー』期における兵士の意識」）と述べるのである。

遠藤の主張は、兵卒の供給先である地方社会と軍隊との融和を図ることによって、国体を守ることができるのだとする。一般社会への門戸をできる限り開き軍隊に常識を養わせること、これこそが兵営におけるデモクラシーだと主張しているようである。遠藤のノートに記された中身は全くの独白であり、自身が所属する部隊の上官に提出されることはなかった。

それでは軍当局者は問題をどう捉えていたか。やはり『偕行社記事』に、「吾人ハ如何ニシテ現代思潮ニ対スヘキカ」という一文が載っている。筆者は教育総監部に勤務する大沼直輔少佐だ。教育総監部とは、軍隊で使う各種教科書を取り扱い実際の教育方針を決める部署であるからまさに担当者の考えと言って良い。「今ヤ社会ノ風潮ハ刻々トシテ軍隊内ニ浸入セントシツツアリ」と、大沼少佐は現状を認識する。そしてこのデモクラシーに染まった新兵を教育する難しさを、「之ニ対シ此ノ思潮ヲ善導シ確固タル軍人精神ヲ注入センコトハ実ニ吾人ノ重大ニシテ且ツ最モ困難ナル新タナル負担タルヘシ」と述べる。〝重大、困難、新タナル〟という言葉から想像されるように、少佐の言は訴えに等しい。つまり、平等につながるデモクラシー思想の中に在って、軍隊の骨幹である命令服従、階級維持は絶対に守らなければならないのである。それには文中にあるように〝善導〟が必要となる。どうするのか。その方法として大沼は三点挙げている。

一、衷心より誠意敬虔の念を持って部下に接すること。

二、部下に対しては理解ある言動を為し右顧左眄しないこと。

三、兵営生活に在っては、上官は温情、懇切、周到に指導すること。

言わんとすることは佐藤鋼次郎と大同小異である。当時から兵隊の不満は内務班の窮屈さにあった。そのため第三点を挙げたのだろうが、これでは単に優しくやれ、と言っているに等しく具体性に乏しい。教育総監部の担当者もいい知恵は浮かばなかったらしい。

こうした風潮のなか東京日日新聞に「社会主義中尉現る」という人目を引く記事が載った。弘前歩兵五十二連隊に勤務する松下芳男中尉が、自分は社会主義者であり軍人を辞めたいと上官に告白したという内容である。大正九年六月二十八日の新聞であった。松下は上官に直訴したわけではなかったが、友愛会会長の鈴木文治宛に手紙を出し参加を表明した。鈴木は朝日新聞出身であり、東京日日の記者が鈴木から取材し尾ひれを付けたのであった。

松下は翌年軍隊を去り文筆活動に転身する。陸士二十五期の彼は新潟県新発田の出身だが、少年時代に故郷で特異な人物と知り合った。大杉栄である。大杉の父親（大杉東）が新発田連隊勤務であったため、狭い町のことから顔見知りになったのであろう。知り合ったと言っても松下はまだ子供であり大杉に感化されたわけではない。一方軍隊では松下は同期の田中新一と親しかった。後の大本営作戦部長となる田中新一である。若き松下の胸の内は、規律第一の軍と親近感を抱く社会主義への関心で揺れていたのであろう。

新しい思想が日本に漂うなか、下村は三年間の欧州生活から帰ってきた。大正十一年九月になっていた。新たな椅子は参謀本部作戦課に用意されていた。

参謀本部作戦課に配属

軍隊というものを機構上三つに分けるとすると、役所、部隊、学校となる。役所のことを難しい言葉で官衙《かんが》という。これは陸海軍共に同じことで、官衙とは陸軍省、海軍省、部隊とは兵隊達のいる何々連隊、どこどこ鎮守府、学校は士官学校、兵学校の類である。

その官衙も陸軍は三つあり、陸軍省、参謀本部、教育総監部となる。陸軍省と教育総監部は字義の上から明快だが、参謀本部とは何か。何をするところか。参謀、又は幕僚とも言うが、この役割は指揮官の傍にいて戦いの準備をし、指揮の実行を補助する。つまり作戦を起てるのが任務だ。作戦といっても実際の兵の動かし方だけではない。敵情を常に把握する情報作戦、糧食や医薬品を遅滞なく供給する兵站作戦、戦闘の最中にあっても前線との連絡が途絶えないようにする通信作戦もある。

参謀本部は平時から、未来に想定される有事に備えて諸々の計画を立案する役所である。その作戦を学ぶ最高学府が陸軍大学校であり、参謀本部の管轄であった。即ち陸大は参謀教育の役割を果たしていた。陸軍大学校を優秀な成績で卒業した者は、多くが一度は参謀本部勤務を経験する。そしてその中心部署こそ作戦課であり、統帥の中枢と呼ばれて一目置かれる存在であった。

フランス帰りの下村が、麗々しい参謀モール姿で作戦課の扉を潜ったのは大正十一年九月であった。この頃、参謀本部は次のような編制、分掌であった。

総務部　庶務課、第一課（平戦時編制、動員計画）
第一部　第二課（作戦計画）、第三課（攻城、要塞）、第四課（演習）
第二部　第五課（外国の軍事）、第六課（支那の軍事）
第三部　第七課（内外鉄道、船舶）、第八課（通信）
第四部　第九課（国内戦史）、第十課（外国戦史）

わかりやすく言えば、第一部が作戦、第二部は情報、第三部は運輸通信、第四部は資料ということになる。この時の参謀総長は上原勇作で、すでに七年近くこの職に在った。この年大正十一年二月、山県有朋が死んだ。八十三歳であった。長州閥の、というより日本陸軍の顔であった山県の死は新たな時代の幕開けであった。

上原は山県亡き後、昭和八年に死亡するまで陸軍の大御所の地位を保った。自身は宮崎の生まれであり薩摩閥系といえようが、実質的な力は徐々に長州閥の田中義一に移っていった。大隈内閣の時、田中は上原の下で参謀次長をやり、原内閣では陸軍大臣を務めた。そして昭和の初めに政友会内閣を組織することになる。下村が属した作戦課の課長は坂部十寸穂という人物であった。

作戦課で下村はどんな仕事をしたのであろうか。同じ時期に作戦課に在籍した鈴木貞一（陸士二十二期）は回想録でこう言っている。

「大正十二年におったときには、私の上に下村という人がおったのです。それから同期生でもう一人鈴木率道という人がおって、そしてそのいまの下村君は、いわゆるここに書いてある国防方針の改訂のことをやっておったのです。」

鈴木貞一は、後に企画院総裁を務め東条内閣の閣僚として重要な役割を果たす。鈴木率道は満州事変後、作戦課長を三年間にわたって務め石原莞爾にバトンタッチした。こうした俊才のなかに在って、下村は国防方針の仕事をしていたという。

国防方針とは、明治四十年四月の「帝国国防方針」のことをいう。日露戦争後、新しい時代に向かう日本の国家戦略を定めたものと言えようが、その中心は軍事に置かれていた。その中の一文には、「我国権ヲ侵害セントスル国ニ対シ、少クモ東亜ニ在リテハ攻勢ヲ取リ得ル如クスルヲ要ス」とあるように、以後国防の基本は〝攻勢〟となったのである。攻勢とはすぐ戦争に訴えるということではない。積極的に国権を伸ばしていこうというものである。そして、「将来ノ敵ト想定スベキモノハ、露国ヲ第一トシ米・独・仏ノ諸国之ニ次グ」とあるように、依然主敵はロシアであった。

国防方針に付随して、「国防ニ要スル兵力、帝国軍用兵綱領」があり、兵力量と基本的な作戦計画が定められていた。国防方針の〝攻勢〟は、日清、日露の勝利を得た日本としては常識的に導かれる結論と言えよう。問題は、帝国国防方針等三文書が、陸海軍のみによって決められたことである。陸軍参謀本部と海軍軍令部の高位当局者によって立案され、天皇陛下の裁可を経て成立した（陛下は陸海軍大元帥なのである）。

当時誰もが、軍人も政治家も新聞記者もこうした成立過程を問題にしなかった。一人、社会主義中尉と呼ばれた前述の松下芳男のみが、戦後のことではあるが問題点を鋭く指摘した。国防という総合的な課題を、何ら内閣で審議せず軍当局だけに任せたのは重大な誤りだというのだ。松下は、『日本国防の悲劇』を著し国防の何たるかを説いている。

留学帰りの下村は大役を担わされたと言える。第一次世界大戦は、下村がフランス滞在中の大正八年六月、ベルサイユ条約調印で終わりを告げていたが、国際環境は激変していた。主敵ロシアが革命によって潰え去った。想定敵国ドイツも破れ共和国となった。国際連盟という新しい組織が生まれ日本は常任理事国に就いたが、提唱国アメリカが加盟しないという奇妙な恰好であった。世界的に軍縮が叫ばれ、ついこの間のワシントン条約で主力艦の制限が決められたばかりだ。国防方針を修正する必要が出てきたのである。

「帝国の国防は、国防は、……」

東京青山の自宅書斎で下村は唸っていた。国防の基本は何か、想定敵国をどうすべきか、なかなか次の文句が続かない。

「帝国の前に米国あり、ではございませんか」と、お茶を持って来た夫人芳子が言った。

「これは驚いた。芳子の口からアメリカが出ようとはね」

「でもあなたは仰っていたではありませんか。宮様からアメリカのことを言われたと」

「そうだ、アメリカ恐るべしとね。ところで殿下はどうしておいでかな」

フランスでの学友とも言うべき東久邇宮は、フォッシュやライオンと呼ばれた宰相クレマンソーにも面会していた。二人ともアメリカのアジア進出を挙げ、それには日本が邪魔になるはずだと、同じことを述べたのであった。件《くだん》の殿下こと東久邇宮稔彦は昭和の初めまで七年間もフランス生活を満喫することになる。

「帝国国防方針」は大正七年に最初の改正が為されている。これは第一次大戦中の部分的なものであった。想定敵国に支那が加えられた。下村は陸大卒業後のこの時参謀本部にいたが、果たして改正作業に関わったのかはっきりしない。しかし今度の二回目の改正は起案者として縦横に腕を振るった。明治四十年以来の攻勢方針については異論はない。ではどこを時流に合わせ且つ日本の進むべき道を示すか。欧州大戦後どの国も勝敗を問わず疲弊している姿をこの目でみてきた。

下村はもう一度現在の国防方針に眼を遣る。その最初の部分にはこうある。帝国国防の本義として、「国権ノ振張ヲ謀リ国利民福ノ増進ヲ勉メサルヘカラス」だ。まず国権である。それも異論なかろう。だが軍縮が進められようとしている今、もっと民に目を注いでもよいのではないか。国利民福とはどうやら明治時代の自由民権壮士の言葉らしい。そこでこう改めてみた。

「帝国国防ノ本義ハ国家ノ発展ト国民ノ福祉増進トヲ図ルニ在リ」

これは現代にも通ずる。当時としては画期的な文章と言える。先ず〝国民〟である。普通の言葉で国民はあったろうが、公文書の類では臣民が用いられた。大日本帝国憲法を見るがよい。その第二章は臣民権利義務である。臣民、つまり陛下のもとに仕える民であるわけだ。それを、国民、と普通の言葉にした。

次に注目されるのは〝福祉〟であろう。これは現代使われる福祉の意味よりも広く、国民全体の生活を指したものと思われる。参謀本部の一軍人が国民の生活向上を訴えたことは驚きである。下村は、マルクス主義経済学者河上肇のベストセラー『貧乏物語』を読んでいたのであろうか。以下、新しい国防方針は次のように続く。

「帝国国防ノ方針ハ国際的孤立ヲ避ケ、帝国ト衝突ノ機会最モ多キ外国ニ対シテ特ニ警戒ヲ厳ニシ、敵国ノ結合ヲ破リ与国ノ連盟ヲ密ニシ以テ戦争ノ遂行ヲ有利ナラシムルニ努メ、一旦緩急アラハ攻勢作戦ヲ以テ敵ヲ帝国ノ領土外ニ撃破シ、速ニ戦争ノ局ヲ結フニ在リ　之ト同時ニ海外物資ノ輸入ヲ確実ニシ国民生活ノ安全ヲ保障シ、以テ長期ノ戦争ニ堪フル覚悟ア

ルヲ要ス」(『軍事史学』第九巻第一号)

国際的孤立を避けること、速やかに戦争の局を結ぶこと、海外物資の輸入を確実にすること、これらは明治のそれにはなかった事柄だ。外交や経済を加味した総合安全保障とも言ってよい。もしこの方針、精神が貫かれて居れば、後の昭和の危機も避けられたかもしれぬ(「国民」の二文字は昭和十一年の改正で再び「国利民福」に戻った。この時の当事者は石原莞爾である)。

次に重要なものは想定敵国の問題であった。この点においても下村は明快であった。

「帝国ト衝突ノ機会最モ多キヲ米国トス」

これにより主敵はロシアからアメリカに代わった。陸海軍ともに主敵は統一された。次いで敵国とみなされたのは支那と露国であったが、両国に対しては親善を旨とするとした。東久邇宮が下村に囁《ささや》いたように、アメリカと日本はぶつかる必然性があった。アメリカは出遅れた中国市場進出のために、九ヶ国条約を成立させて環境を整えた。英仏独などが疲弊している間、中国市場で有利な立場に立てるのは日本、アメリカとなる。

アメリカは又日英同盟を警戒し、巧みにイギリスを誘導して日英米仏の四ヶ国条約を成立させて破棄に成功した。加えてアメリカ国内、特にカリフォルニア州では排日移民法ができていた。今や一次大戦勝者の二大国は対立せざるを得なくなっていたのである。かくして帝国国防方針の二次改訂は大正十二年二月末に決定され、内閣総理大臣にも報告された。時の総理は、ワシントン会議をまとめあげた海軍大将加藤友三郎である。

作戦計画、つまり帝国軍用兵綱領は次のようになった。

アメリカを敵とする場合は、先ずルソン島及びグァム島の海軍根拠地を取ること、露国を敵とする場合は、海軍はウラジオストックを攻略、陸軍は主作戦を満洲に、支作戦をウスリー方面に行う。露国の場合は陸海で若干の攻略方向が異なるが、アメリカは一致している。

問題は支那であった。支那、正式には中華民国であるが、この国が想定敵国に登場したのは大正七年の時である。辛亥革命で清朝は倒れたが、中華民国とは名ばかりの分裂状態であった。それでも排外運動、利権回復運動は日毎に盛んになっており、日中の衝突も予想されることから想定敵国として挙がったのである。その支那（中華民国という国号は用いていない）に対する作戦とは、陸軍は北支那を攻略すること。海軍は沿海及び長江水域を管制することとなっている。米露の場合と比べ、陸軍と海軍の攻略方面に明らかに食い違いが見られる。陸軍の北支那とはどこまでかも曖昧だが、海軍の関心は長江―揚子江にあるのだ。それは上海である。ところが陸軍には長江の字はないのだ。この間の事情を立案に携わった鈴木貞一は次のように明かしている。

「私が大正十二年の作戦計画で、その時に上海に兵を用いることを止めるという―前には使うことになっているのです―止めることを提議したのです。海軍はどうしても出すというのです。海軍は上海というものをぜひ取らなければいかんというのです。陸軍は、当時の我々の考えは上海には出兵しない方がいいというのです。これはここでやれば国際戦だ、だからこれはいかんということにしたのだ。処が海軍は、これは本当に陸海軍とも僕に云わせると、日本の本当の安全保障というものを考えておらないという事なんです。海軍は海軍、陸軍は陸軍なんです。それで妥協して、要すれば出す、という事にしたわけなんです。要すれば出す、ということにして、常に出す、ということは止めてしまったわけです」

海軍が兵力を出すと主張するのは、上海方面に事が起こった場合を言っているのだが、その場合は、陸軍側は傍観していれば宜しいというわけではない。要すれば出すとは、事によりけりという妥協なのである。その妥協の産物が〝管制〟という言葉になって表れたということだろう。

大正十二年九月一日、下村は作戦課の部屋で事務を執っていた。課長は畑俊六大佐である。この日は土曜日で半ドン、ちょうど退庁間際の正午前、頑丈なはずの参謀本部が大きく揺れた。大震動は数回に亘って続いた。揺れの合間をぬって総長河合操以下全員がともかく構内の空き地に避難した。三日には戒厳司令部ができ、下村は参謀に任命され作業に忙殺された。救援物資の手配、交通通信の復旧、医療防疫、道路橋梁の修理である。このため全国各師団から工兵隊、衛生隊、電信隊、鉄道隊を招致し被災地に派遣した。青山練兵場を開放して被災民を収容した。東京は下町を中心に被害が甚大であったが、神田佐久間町では住民が留まり、井戸水のバケツリレーで火災を食い止めていた。崩れた相模川の橋は九州と東北の工兵隊を両岸から工事させた。作業は捗るはずだったが、何と言葉が通ぜず時折頓挫したという。

ジュネーブ軍縮会議代表団の一員に

「我が陸軍については、日本は連盟加入以来師団・人員を自発的に減少し、師団に於いて四個、人員に於いて35％を減じ、陸軍人員は我国総人口の0・28％にしか過ぎません。又陸軍兵器を見ますれば、その能率に於いて欧米各国に比して遜色があります。空軍又然りであります。特に民間用航空機は欧米に比べて頗る遜色があるのであります」

昭和七年の二月十日、所はスイス・ジュネーブのホテル、バティマン・エレクトラール。英国大使松平恒雄は、世界六十ヶ国の代表を前に演説した。松平は語をつなぐ。

「日本は現在進行中の不幸なる事態においても、軍縮を進める考えにはいささかの揺るぎもありません。ただし東亜においては、日本が特殊の地位を占めていることにご留意願いたいのであります」

ジュネーブで開かれているのは、世界初の一般軍縮会議であった。しかもこの時、上海では日中両軍が衝突していた。

大正から昭和の初め頃までは前述したデモクラシー時代である。更に付け加えるなら「軍縮」というキーワードが浮かんでくる。軍縮は、第一次大戦後の世界的な趨勢でもあった。その集大成が、昭和七年二月から始まったジュネーブ一般軍縮会議だったのである。松平恒雄は日本全権であった。

事実、日本は大正半ばから積極的に軍縮を進めてきた。ワシントンでの海軍軍縮条約は大国間の合意であったが、その後日本は自主的に陸軍にも手をつけた。松平発言中、師団四個というのは大正十四年の師団削減のことを指している。時の陸相宇垣一成は、朝鮮を含む全国二十一個師団態勢から四つの師団を廃止したのである。高田十三師団、豊橋十五師団、岡山十七師団、それに久留米十八師団が無くなった。これより先の大正十一年にも、連隊、大隊レベルでの削減が行われていた。山梨半造陸相による軍縮と呼ばれている。機構が小さくなれば当然人員が浮く。二つの軍縮で八万名以上の軍人が削減されたのである。特筆すべき行政改革であった。下村は軍縮会議全権団の陸軍随員として本会議上に席を占めていた。

軍縮問題が世界的な関心事であることは間違いなかったが、特にその中心となったのはフランスとドイツであったと言えよう。第一次大戦で鎬《しのぎ》を削った両国である。とりわけフランスは、勝ったとはいえ何時又ドイツに攻められるか不安が去らず、どう国の安全を保つかに腐心していた。

国際連盟規約第八条には、加盟国は軍縮の義務を負うことと定められていた。何よりも日本は常任理事国であり積極的に軍縮を実施せざるを得なかったのである。昭和三年初め、陸軍大学校教官を務めていた下村は欧州派遣を命ぜられた。行く先はフランスとドイツである。この時の任務ははっきりしない。おそらく軍縮会議に向けての準備ではなかったかと思われる。というのは、軍縮準備委員会なるものが定期的にジュネーブで開かれていたからだ。

下村は正式の委員ではなかったが、フランスとドイツを中心に欧州各国の情報収集に当たったと思われる。準備委員会とは、本会議開催のためにどういったテーマを設けるかを話し合う場であった。下村が派遣された頃は日本側委員として、後に外相となる佐藤尚武を代表に、陸軍では杉山元、海軍では堀悌吉が名を連ねていた。杉山は終戦後自決する周知の人物、堀とは中途で海軍を去ったが国際感覚あふれる逸材であった。

委員会は大正十五年から開かれたが、その第四回会議の昭和二年十一月、初参加したソヴィエトが画期的な提案をした。それは外務人民委員リトヴィノフの口から出た。リトヴィノフは、資本主義国のやり方では軍縮は遅々として進まないとして、次の兵器保有を禁止すべきと主張した。即ち、戦車及び重砲、一万トン以上の軍艦、航空母艦、軍用飛行機等である。

ソヴィエトは翌年から第一次五カ年計画で工業化に邁進するわけだが、対外的には平和攻勢を執ったと言える。こうした途方もない提案が出る中、委員会では調整が進められた。下村は昭和四年の六月から正式に準備会議委員となり、年末の最後の準備会議を終えて帰国する。

昭和六年六月十三日、国際連盟事務総長ドラモンドはジュネーブから一般軍縮会議の招請状を各国に発した。招請状は非加盟国アメリカにも送られた。本会議招集は翌七年二月二日であった。

日本はこの会議のために何と八十名を超える代表団を結成した。松井石根陸軍中将、永野修身海軍中将が全権団に加わった。陸軍委員は少将建川美次、少将谷寿夫のもとに下村定大佐と本間雅晴大佐らであった。本間はこの時イギリス大使館武官であり、陸士では下村の一期上十九期生である。下村と本間、この両人の運命的な関係は昭和二十年の終戦後に展開される。時は第二次の若槻民政党内閣であり、外相は平和外交を看板にする幣原喜重郎である。ところがこの昭和六年の秋から翌年初めにかけて、それこそ軍縮会議の直前に一大事が勃発した。

昭和六年九月十八日の柳条湖における鉄道爆破は些細なものだった。それはそうであろう。

満鉄線という日本の鉄道を自作自演で爆破するのであるから、運行不能になるほど大きくする必要はないのだ。要はきっかけを作ることであった。満鉄線保護は関東軍独立守備隊の任務である。守備隊は張学良軍の犯行との名目で北大営を攻撃する。これは先制攻撃だが鉄道保護のためと理解しよう。ここまでは奉天事件である。

問題は二日後の九月二十日、はるか吉林を攻撃したことである。さらにハルビン攻撃となる。ここに至って満洲事変となるのだ。東京の陸軍中央では事変勃発前から不穏な空気を感じており、関東軍に対し一年は自重せよと戒めていた。陸軍省の中枢にいた軍事課長の永田鉄山大佐はその考えであった。ところが決行されてしまった。当然中国側は日本の侵略行為だとして連盟理事会に提訴する。紛争処理にあたるべき常任理事国日本が批判の対象になったのである。

さらに追い打ちがかかった。翌年一月下旬、上海の街角を一人の日蓮宗僧侶が法華経を唱えながら歩いていた。とある紡績工場の前を通りかかると、突然中国人労働者が出て来て僧侶を暴行し死なせてしまった。これを機に日中民間人同士の喧嘩、果ては両軍の軍事衝突にまで発展してしまった。第一次上海事変である。これは満洲事変から世界の眼をそらすための現地軍部の謀略なのだが、上海でもわざわざ事を起こすということが国際常識から外れていた。ジュネーブ一般軍縮会議は、連盟理事国日本にとって最悪の環境のなかで開かれたのである。

二月二日午後三時半、六十ヶ国の代表が顔をそろえるなか議長の開会宣言が発せられるはずであった。ところが本会議の開会は一時間遅れ四時半となった。理由はまさに上海事変のため理事会が先行していたからであった。軍縮会議は議長一名（イギリス前外相ヘンダーソン）、副議長は日本を含む十四名という多人数に上っていた。五つの専門委員会が設けられており、政治、陸軍、海軍、空軍、国防費である。

この日、本会議に登壇したフランス代表のタルジェ陸相は、早くも具体的な提案を行った。軍用機を大中小の三種類とし、大型は各国が保有せず国際空軍に移すこと、中型は保有を認めるが必要な場合は連盟に提供することという。陸海軍兵器については二種に大別する。これも大きな威力のあるものは、必要のある場合連盟に提供することを条件とするとした。更に三軍の兵員についてである。三軍の数は常に連盟に報告し、場合によっては国際警察軍として使用することを提案した。即ち今日でいう国連軍の創設にまで言及したのである。

「いや驚きましたなフランス提案は。あれではフランス軍本体が在って無きが如しではないですか」と宿舎で下村。

「タルジェは理想を述べただけだろう。それとも会議を複雑化させといて自分に有利なものだけをまとめる積りかな」と、これは本間である。

「本間さん、イギリスは本気で軍縮をまとめあげますか」

「議長国だからね。でも今は世界的に一応平和だ。ワシントン、ロンドン条約であれだけ軍艦を減らすことになった。これ以上何を減らすのか、という雰囲気ではないのかな。心配なのは上海だよ。君は参謀本部にもいたのだから予測がつくだろう。どう始末をつけるのか」

「上海は全く余計なものです。余計なものは速戦即決で片づけなければなりません。作戦課長が新しくなったようです。その布石ではないでしょうか」

上海事変が勃発すると、陸軍は一度作戦課長を務めた小畑敏四郎大佐を再び課長に据えた。これは陸相荒木貞夫の人事であった。小畑は作戦班長鈴木率道と想を練り、苦戦中だった上海戦線を一気に挽回し日本は三月初めに停戦を宣言した。鮮やかな政戦一致であった。

軍縮会議の中身はどうだったのだろうか。特に下村が属した陸軍委員会では何が話し合われたのか。記録を見ると複雑多岐に亘っているが、要するに兵器の制限をどうするかということであった。

陸軍兵器で取り上げられたのは、先ず火砲、そして装甲戦闘車両であった。最も脅威を与える火砲とはどんなものかについて、欧州諸国は口径二十五センチ以上の移動砲であろうとの概ねの合意ができていた。二十五センチを超えると要塞を有効に破壊し得るとみなされたからであった。この時代になっても、要塞は依然有力な防衛手段と考えられていたことがわかる。実際フランスはマジノ線という要塞をこの後になって構築するのである。この点日本は陸上要塞という感覚は希薄であり、国内にあったのは海岸要塞が主であった。

野戦に使用する火砲については様々な意見が出た。一番軍縮を求める主張によれば十センチ以上は脅威だと主張した。砲兵専門の下村はすかさず発言した。

「野戦陣地を突破する場合は十センチ以上の砲が必要です。もし強力な陣地ならば十五センチ砲が必要でしょう。徒に口径を小さくすればよいというものではありません。十センチ、十五センチならば一回の攻撃で済むところを、小さなものは何回も使用する結果、人命の損害が大きくなることに注意を向けなくてはなりません。」

装甲戦闘車両の中心は戦車である。日本は第一次大戦後にイギリスからマークⅣ重戦車、フランスからルノー軽戦車を買い入れ研究を始めていた。しかし昭和七年の段階ではようやく八九式中戦車が完成したばかりであった。それも試作の域を超えておらず、実戦用としては一輌もなかった。宇垣軍縮では戦車大隊の新設を決定していたが、正式戦車がないのだから編成の仕様がない。陸軍に戦車学校ができるのは昭和十一年なのだ。機械化については日本は大きく遅れていた。下村も本間も戦車についてはヨーロッパ各国の論議を拝聴するより他なかった。

ここでも論議は戦車重量の制限に絞られた。イギリスが二十五トンまで、フランスは三十二トンまでと主張するなか、日本も黙っているわけにはいかず二十五トンと発言した。この理由は、編成上日本の軽戦車は十トン以下、重戦車は二十トン級となっていたからであろう。議論はより専門的なものも含め七月まで続いた。

結局、陸軍委員会が本会議に出した結論は次のようなものであった。陸上砲については、一定口径の砲数を制限すること、海岸要塞砲、陸上要塞砲の最大口径を定めること、戦車の重量は制限することである。つまり何ら具体的な文言はなく、軍縮というスローガンだけで記念すべき会議は次回持越しで終わったのである。

第二回会議は昭和七年九月から翌年の六月まで開かれた。引き続き下村は専門委員としてとどまった。だがこの期間から軍縮会議は暗礁に乗り上げていく。

それは議論の中身以上に国際情勢の変化に理由があった。何といっても日本が矢面に立たされた重大事態、満洲事変を議題とした国際連盟臨時総会の開催が大きな転機となった。満洲事変調査のためのリットン報告書による勧告案が賛成多数で可決され、常任理事国日本は国際連盟を脱退した。臨時総会の日本代表は満鉄副総裁であった松岡洋右である。下村は松岡の補佐役となって会議外交の一員となっていた。強烈な個性を持つ松岡の一言一言は、軍人社会しか知らない下村にとって大きな刺激となったに違いない。とくにその雄弁は胸をうつものがあった。昭和八年二月二十四日、勧告案が採択されると松岡は並み居る代表を前に最後の演説を行った。

「日本政府は今や極東に於て平和を達成する様式に関し、日本と他の連盟国とが別個の見解を抱いて居るとの結論に達せざるを得ず、而して日本政府は日支紛争に関し国際連盟と協力せんとする、其の努力の限界に達したことを感ぜざるを得ない。しかしながら日本政府は極東に於ける親善良好関係の維持並に強化のためには依然最善の努力を尽すであろう。余は日本政府があくまで人類の福祉に貢献せんとするその希望を固持し、世界平和に捧げられる事業に誠心誠意努力せんとする政策を持続すべきことを、ここに付言する必要はあるまいと信ずる」(『松岡洋右―その人と生涯』)

下村は、唯々千両役者の如き松岡の言葉に聞きほれていた。

日本は脱退後も連盟には協力するとして軍縮会議にも熱心に参

ジュネーブから帰国した下村

加していたが、昭和八年十月ドイツが軍縮会議から脱退した。下村は昭和八年夏に帰国した後、千葉県国府台の野戦重砲兵第一連隊長として部隊勤務に就いた。幾年か後のこと、この二人は意外な場所ですれ違うことになる。

第三章　暴支膺懲の嵐のなかで

第一次上海事変

「午前漸く上海港に至る、ここは支那第一繁盛の津港なり、欧羅巴諸邦商船、軍艦数千隻碇泊、檣花林森して津口を埋めんとす、陸上はすなわち諸邦商館の粉壁千尺、ほとんど城閣の如し、その広大厳烈なること筆紙を以て盡すべからざるなり」（「航海日録」）

文久二年（一八六二年）五月六日、長州藩士高杉晋作は上海に入った模様をこう記している。

高杉この時二十四歳、幕府、諸藩人士五十一名に混じって英国から購入した千歳丸の船縁に立っていた。一行の目的は海外事情視察にあった。幕府は攘夷ではなく開国を方針としていたからである。すでに高杉は病み始めていた。一旦は諦めかけた渡航であったが出航直前に小舟で長崎沖合の千歳丸にたどり着いた。上海滞在は二ヶ月にわたったが、当の清国が大揺れであることを目の当たりにする。

「五月七日、払暁小銃声陸上に轟く、皆云う、これ長毛族と支那人と戦う音なるべし、予すなわちおもえらく、この言信なれば実戦を見ることを得べし、心秘かに悦ぶ」（「上海掩留日録」）

長毛族と支那人との戦いとは、このころ清国全土を揺るがせていた太平天国の乱である。別名、長髪族の乱という。洪秀全を指導者とする農民の大反乱はすでに中部を中心に十年以上続いており、彼らは南京を首府として上海に迫りつつあった。清国はイギリスやフランスの武力を借りてかろうじて上海を守った。こうした情勢を実感しながら、この才気煥発の士は清国の実情に思いを寄せざるを得なかった。やはり上海掩留日録に記す。

「熟〻上海の形勢を観るに、支那人は盡く外国人の使役のため英法の人街市を歩行すれば、清人皆避けて傍に道を譲る、実に上海の地は支那に属すと雖も英仏の属地と云うもまた可なり」

一行のなかに高杉が注目した人間が二人いた。一人は水夫なのだがどうも唯の水夫ではない。盛んに西洋商館に出入りしている。ある日、男は名を名乗った。自分は薩摩から来た五代才介であると。何と、後の五代友厚であった。もう一人はやたらと船に詳しい。航海術、砲術、機関術、懸命に西洋船の研究に余念がない。名を聞けば、自分は肥前藩士中牟田倉之助と名乗った。中牟田こそ日本海軍産みの親となる。高杉の心は清国の現実が日本に波及する不安で占められていた。やはり繰り返して記す。

「支那人は外国人の役する所となる、憐むべし。我邦遂にこれに如かざるを得ざるか、務防これ祈る」

高杉が〝城閣の如し〟と評した一帯は、租界と呼ばれる中国のなかの異邦人区域であった。中国の主権が及ばない治外法権地区である。揚子江が東シナ海に注ぐ河口から南に向かって黄浦江が流れる。上海はその黄浦江に沿った滬《コ》という港に過ぎなかったが、イギリスの進出により様相は一変し始める。

きっかけは一八四〇年のアヘン戦争である。戦争の後始末の南京条約によって上海は開港となり、イギリスは次第にこの漁村に市街を造っていく。次いでフランス、アメリカ、ロシアが入ってくる。黄浦江沿いはバンドと呼ばれ西洋建築が立ち並んだ。高杉が滞在した頃には、イギリスとアメリカの話し合いで租界が合併されることになった。これが共同租界と呼ばれることになる。フランスは隣接して独自の租界を設けた。上海の中心はこの共同租界とフランス租界が占めていた。

租界は独自の行政組織を持ち、特に共同租界には工部局という各国が参加する行政組織があった。日本は日清戦争の勝利によって租界設定の権利を獲得した。日本は共同租界の参加国にはなったが、実際に日本人が多く住んだのは共同租界の北側、北四川路周辺であった。租界には十三ヶ国が参加してヨーロッパ社会を構成し、五十数ヶ国の人間が生活したと言われる。上海の夜のダンスホールを横光利一は小説『上海』でこう書いた。

「ドイツ人を抱くアメリカ人、ロシア人を抱くスペイン人、混血児と突き衝るポルトギーズ。椅子の足を蹴飛ばしているノルエー人。接吻の雨を降らして騒ぐイギリス人。シャムとフランスとイタリアとブルガリアとの酔っ払い」

こうした西欧人社会に一大痛撃を与える事件が二十世紀になって発生する。

上海には紡績工場が集中していた。工場地帯は蘇州河沿いの小沙渡と黄浦江に沿う楊樹浦である。日本企業も積極的に進出し、多くの現地人を雇用していた。男工、女工の他、童工と呼ばれる幼年労働者も働いていた。当然彼らの労働時間は長く賃金は安い。便所に行くにも厠所《シジ》牌《ぱい》という許可証をもらわねばならなかった。

一九二五年（大正十四年）は初めから待遇改善を求めるストライキが各工場で相次いだ。五月、小沙渡にある日本企業の内外綿第七工場でストライキが起きた。この騒動の途中、会社側警備員の発砲で一人の若い労働者が死亡したことから、外国企業に対する反感は一挙に噴出した。五月三十日、およそ一千人の労働者は共同租界のメインストリート南京路でデモ行進を行った。これを阻止しようとしたイギリス警察隊が発砲、数十人の死傷者を出したのである。五・三〇事件と中国史に刻まれることになった一大騒動は広州、北京、漢口など全土に広まった。上海の中国人労働者はゼネストに入り八月末まで続いたのである。

昭和に入ると上海で日中の軍事衝突が発生した。

昭和七年一月十八日、上海の繊維工場街である楊樹浦を数名の日本人が念仏を高唱しながら歩いていた。日蓮宗の僧侶と信者が寒行に出ていたのである。僧侶らが三友実業というタオル工場の前を通りかかると、中国人労働者が飛び出してきて一行に暴行を加え一人が死亡した。報復と称して上海の日本青年団が三友実業に乱入、放火した。これが、よく知られている第一次上海事変の原因である。

〝よく知られている〟と言えば、この事変は謀略であったという事も挙げられよう。昭和七年初めはまだ満洲事変が続いており、国際連盟各国は日本に厳しい眼を向けていた。そのため世界の関心を満洲から逸らすために、関東軍が一芝居をうったというわけだ。しかし満洲に加えて上海でも日本軍が出るとなると、ますます日本の立場は不利になる。

〝謀略〟とは、関東軍に指示された上海の田中隆吉という一陸軍少佐の証言なのだが、田中と日蓮宗僧侶とのつながりははっきりしない。だがここに筆者が気になることがある。田中の補佐役として松尾清秀という左翼の若者がいたことだ。また青年団のトップは左翼崩れの男であったという。田中は彼ら若者を手下にしており、こうした日本人左翼人士が事変のきっかけを企んだのではなかろうか。

第一次の事変は一ヶ月余で解決した。五年後再び日中は大衝突となる。下村はその作戦を指導することになるのである。

参謀本部第四部長に

昭和十一年八月、下村は少将として古巣の参謀本部に戻ってきた。ポストは第四部長である。第一部長（作戦）は桑木崇明、第二部長（情報）は渡久雄、第三部長（運輸・通信）は塚田攻であった。参謀次長は西尾寿造である。第三部長の塚田とは、翌年支那事変初期の重要な期間を共にすることになる。また同年七月には、第二部長として新しく旧知の本間雅晴がやってくることになる。

下村の第四部は陸軍の演習企画立案と戦史を担当する。欧州滞在が長い下村の経歴からすれば適任といえようが、研究部門であり閑職と言えなくもなかった。下村は前年夏初めてアジア勤務を体験した。関東軍参謀部である。勤務中健康を害しわずか一年弱で日本に戻ったが、この昭和十年の満洲国周辺では重要な動きが展開した。

昭和十年の満洲国は黒龍江省、吉林省、遼寧省、それに熱河省の四省から成っていたが、西部国境、つまり中国側との間は非常に不安定であった。問題の西部国境とは河北省であった。ここには満洲事変の終結とともに非武装地帯が日中間の合意により設けられていたが、様々な手段による中国側の侵入は止まなかった。そのため現地の日本軍、つまり天津駐屯軍や関東軍は満州国の外にも影響力を伸ばすことを図った。この結果、河北省などから国民党の軍隊を撤退させることに成功したのであった。

日本から見れば安全の確保であったが、中国は日本が河北に侵略してくると捉えたであろう。これ以後日本の文書には、満洲国に加えて満洲及び北支という表現が多用されることになる。

昭和十一年といえば二・二六事件である。事件は四日間で武力行使なしで鎮圧されたが、事件後急速に陸軍の中心となったのが満洲事変の立役者石原莞爾であった。すでに十年八月より参謀本部作戦課長の椅子にあったこの奇才は、自らの構想を実現すべく縦横無尽の活動を始めた。

石原は参謀本部に新しい部署を作った。名付けて戦争指導課という。従来の作戦課である第二課から作戦業務を第三課として移し、新しい第二課とし石原自ら課長となった。では戦争指導課とは何か。業務は大略次の通りであった。

一、戦争指導計画（対ソ戦争より開始）
二、戦争準備のための国内改革
三、満洲国建設に関する根本方針
四、国防国策調査
五、情勢判断の改訂

戦争指導課という専門部署を設けただけでも、この男の思想が一軍人をはるかに超えていたことを雄弁に物語る。何しろ戦争という国家最大の政策を扱う公的な部署はこの時代どこにもなかったのだ（今の世にも果して在るか）。それは本来政治家、内閣が為すべきものだ。ところが日本では情勢により、時として有力政治家が、またある時は重臣、官僚が事を処してきた。まあ臨機応変と言えば聞こえはよいが、石原は平時から戦争に関する専門部署を置いたのである。繰り返すが、この点で石原は卓見の持ち主であった。

石原が懸念したのは、〝対ソ戦争〟とあったように、満洲国と極東ソ連軍との兵力アンバランスであった。日本とソ連（極東軍）の軍事力は、満洲事変当時は師団数にして日本が満洲朝鮮を含め三個師団、ソ連は六個師団であったが、年を追うごとに開いていった。昭和十一年末では三倍の差が出来ていた。この開きは航空機においても顕著であり、昭和十年末でソ連側九五〇機に対し日本は二二〇機に過ぎなかった。

戦力に差があっても弱小国が勝つ場合もある。良い例が満洲事変だ。事変勃発時、関東軍一万に対し張学良軍は十万を擁していた。でも日本が勝ったわけは、相手がまともに応戦しなかったからだ。しかしソ連は違う。昭和三年からの第一次五ヶ年計画を成功させ、今第二次計画で工業化を加速させている。戦端が開かれた場合、石原ならずともこれでは戦えないと思うはずである。石原が偉かったのは、単に北辺の軍備を増強するというのではなく、総合的な国防政策を立案したことであった。これが彼の「国防国策大綱」というものである。その中で先ずソ連に重点を集中すべきだとした。

「先ツ蘇国ノ屈伏ニ全力ヲ傾注ス、而シテ戦争持久ノ準備ニ就テ欠クル所多キ今日、英米少クモ米国トノ親善関係ヲ保持スルニ非サレハ対蘇戦争ノ実行ハ至難ナリ」

ここで言う〝蘇国ノ屈服〟とは、対ソ戦争を起こすという意味ではなく、対ソ戦備の充実完成ということである。それによりソ連の侵入を防ぐわけである。

「日支親善ハ東亜経営ノ核心ニシテ支那ノ新建設ハ我国ノ天職ナリ」

石原構想は、中国とは争わず昭和十六年までに対ソ兵備八割を目指すものであった。師団数に換算すれば満洲と朝鮮を合わせて十九個師団となる。大綱のなかで驚くべきは南進と領土獲得も明らかにしていることだ。

「進テ英国ノ東亜ニ於ケル勢力ヲ駆逐ス　好機ヲ捉ヘ実力ヲ以テ東亜ニ於ケル其根拠地ヲ奪取シ一挙被圧迫諸民族ヲ独立セシメ且ニューギニア、濠洲及ニュージランドヲ我領土トス」

国防国策大綱は参謀本部内での合意であったが、更にこれらを基として政府が決定したのが

「国策の基準」である。この構想は海軍大臣永野修身が提案したもので、石原構想に対して海軍の考えを反映させようとしたものである。石原は自分の考えについて、海軍軍令部の福留繁大佐と協議を重ねたが、国防国策大綱への合意を得ることはできなかった。その理由は、海軍は北、つまり満洲国は守りに徹し、南方（フィリピン、マレー、ジャワ、スマトラ）方面に出る北守南進を根本としていたからだ。結局、陸海軍の考えを折り合わせて広田内閣は昭和十一年六月、「国策の基準」を決定した。そのなかでこう述べている。

「帝国内外ノ情勢ニ鑑ミ当ニ帝国トシテ確立スヘキ根本国策ハ、外交国防相俟ツテ東亜大陸ニ於ケル帝国ノ地歩ヲ確保スルト共ニ南方海洋ニ進出発展スルニ在リテ其ノ基準大綱ハ左記ニ拠ル」

東亜大陸での日本の地位確保と南方海洋への進出、これを現下の二大国策としたのであった。つまり陸軍（石原莞爾）と海軍（福留繁）の考えを二つとも取り入れたわけである。そして国策の背景となる軍備については、陸軍は極東ソ連軍、海軍はアメリカ海軍（西太平洋の制海権確保）を対象とするとして従来の構想を継承した。この中で特徴的なのは〝南方海洋ニ進出発展〟という一句であろう。南方とは、フィリピン、マレー、シンガポール、蘭領東インド（インドネシア）を指している。当時の言葉で言う外南洋である（内南洋はミクロネシア方面の日本委任統治領）。即ち英米オランダの勢力範囲ということになる。

この方針は直ちに武力南進と見ることはできないが、日本の敗戦後、戦犯容疑の証拠書類として挙げられた。広田弘毅が絞首刑となった理由の一つが「国策の基準」だったのである。これは実に奇妙だ。確かに広田は総理という最高権力者には違いなかったが、原動力はまぎれもなく石原であり福留であった。「国策の基準」がいけないとするならば石原は戦犯となるべきはずなのである（福留は戦犯となり禁固三年であった）。

石原はこの後七月になって、対ソ戦争準備のための具体化を次々に打ち出していった。目標年度は昭和十六年末、重点は空軍力、日満北支を範囲とする地域の大発展等であるが、こうした計画の裏付けとなったのが重要産業五年計画である。ここに宮崎正義という、石原の盟友ともいうべきもう一人の異才が登場する。満鉄調査部にいたソ連留学の男がソ連五ヵ年計画を真似て完成したものであった。

宮崎が組織した日満財政経済調査会は参謀本部の外郭機関と言ってよい。五年計画は十二年五月になって陸軍省によって正式に採り上げられた。重要産業とは、兵器工業、飛行機工業、自動車工業、工作機械工業、鉄鋼業など十三業種に上る。昭和十二年度から十六年度までの五年間で、例えば航空機では本土七千機、満洲で三千機、自動車は本土九万台、満洲一万台を目標としている。まさに日本敗戦後の経済再建策を思わせるものだが、事実この考え方が戦後活かされた点は否定できない。満洲の経験が戦後の高度成長の礎となったと言われる所以だ。

またこの年、参謀本部では国防方針の第三次改定を行っている。大正十二年、下村が中心となって行った第二次方針を変更した。海軍軍令部との協議を経たものであったが、出来上がったものは実にあっさりとしていた。

明治四十年のものも下村改訂も、世界の情勢から説き明かした総合国防策と言えるものであった。しかし今回は情勢分析は一切ない。将来の戦争は長期に亙るから覚悟と準備が必要だとする石原の思想を反映したものと言えよう。想定敵国は、「米国、露国ヲ目標トシ併セテ支那、英国ニ備フ」となった。その後の結果は長期戦という予想、米国、露国、支那、英国という予想、全てその通りとなったのであるから石原の見通しは確かであったと言える。むしろ石原は、自らの国防国策大綱こそ真の国防方針と確信していたことであろう。そしてその眼は何といっても満洲に置かれていた。満洲国の発展と対ソ戦備の充実である。その為に十年間の平和が絶対に必要であるという考えであった。

昭和十二年は五年計画の始まりとなる。隣国と事を構えることなく計画に没頭できるはずであった。しかし陸軍省がまとめた重要産業五年計画は、やっと十四年一月になって生産力拡充計画となって閣議決定となる。二年も遅れたことになる。しかも内容は縮小されたものとなっていた。自動車は本土満洲合わせて十万台であった計画が八万台となった。工作機械は五十万台であったものが二十万台に減っている。航空機については何故か記述がない。石原は後にこう嘆いている。

「昭和十二年九月　石原カ参謀本部ヨリ転出後モ宮崎氏ハ研究ヲツツケ、支那事変ヲ急速ニ解決スルニアラスンハ重大ナル危局ヲ招来スヘキコトヲ主張シタルモ、当局ノ顧ルトコロトナラス　昭和十五年調査継続ノ意義ナシトシテ自ラ調査会ヲ解散セリ」（『石原莞爾資料　国防論策篇』）

十年間の平和を破ったものこそ、ここにいう支那事変であった。

上海海軍特別陸戦隊の十日間

「八月六日　支那は抗戦に決すと。一五、〇〇より戦闘打合せあり。終って司令部より時局に関する達示。蔣は已むを得ず国民の手前立上るようになるべしと」

「八月八日　支那青年将校の直接行動（二、二六の如きもの）ありと。何応欽監禁せられたりと。部下村田家に母堂逝去の弔電を打つ。夜、非常警戒教練を行いて出動時の検討をなす。大隊長整備状況の視察あり」

上海在勤の海軍中尉大山勇夫は昭和十二年八月の日記にこう書いた。盧溝橋に始まった北支事変は前月末に解決をみていたが、中国側の抗日意識は収まったわけではなかった。昭和七年の上海事変は、満洲での関東軍の軍事行動を契機として起こった。北に呼応するかのように南でも騒動が持ち上がったわけである。昭和十二年も、北支事変に続き上海でも不穏な情勢が漂っていた。文中、何応欽とは国民党軍を支える将軍の一人で、満洲事変の幕引きで日本軍に煮え湯を飲まされた人物だ。

大山海軍中尉は、上海海軍特別陸戦隊の西部派遣隊長であった。隊長といっても齢二十六歳である。海軍陸戦隊とは、「艦隊或ハ艦船ヨリ上陸シ戦闘ニ従事スル」（明治十九年制定、陸戦隊概則）ものである。通常は軍艦に勤務しているが、〝陸戦隊用意〟の号令がかかると陸上に出動する。戦時ではなくとも、ことに中国大陸で暴動や争乱が起き在留邦人に被害が予想される場合、艦隊を派遣して陸戦隊を上陸させた。その場所は日本人居住地区が多かった。上海では昭和七年十月から少将を司令官として陸戦隊を常駐させるようになった。これが上海海軍特別陸戦隊である。

外国企業が多く進出する上海では、時折中国人労働者との間で争議が起こった。昭和十一年の十一月にも日系紡績会社では工賃の引き上げ、待遇改善の要求が過熱化した。全上海の職工十二万が怠業、ストライキを繰り返した。そのうち豊田紡績の工場では一部の職工が工場事務室や機械類を破壊した。扇動者として七名が逮捕されたが、いずれも学歴を備えたインテリであった。労働者の要求は不充分ながら認められ一ヶ月程で収まったが、その後陸戦隊は警備目的で企業内に兵力を置くことになった。大山中尉は内外綿や豊田紡などが林立する西部工場地区に派遣されていたのである。

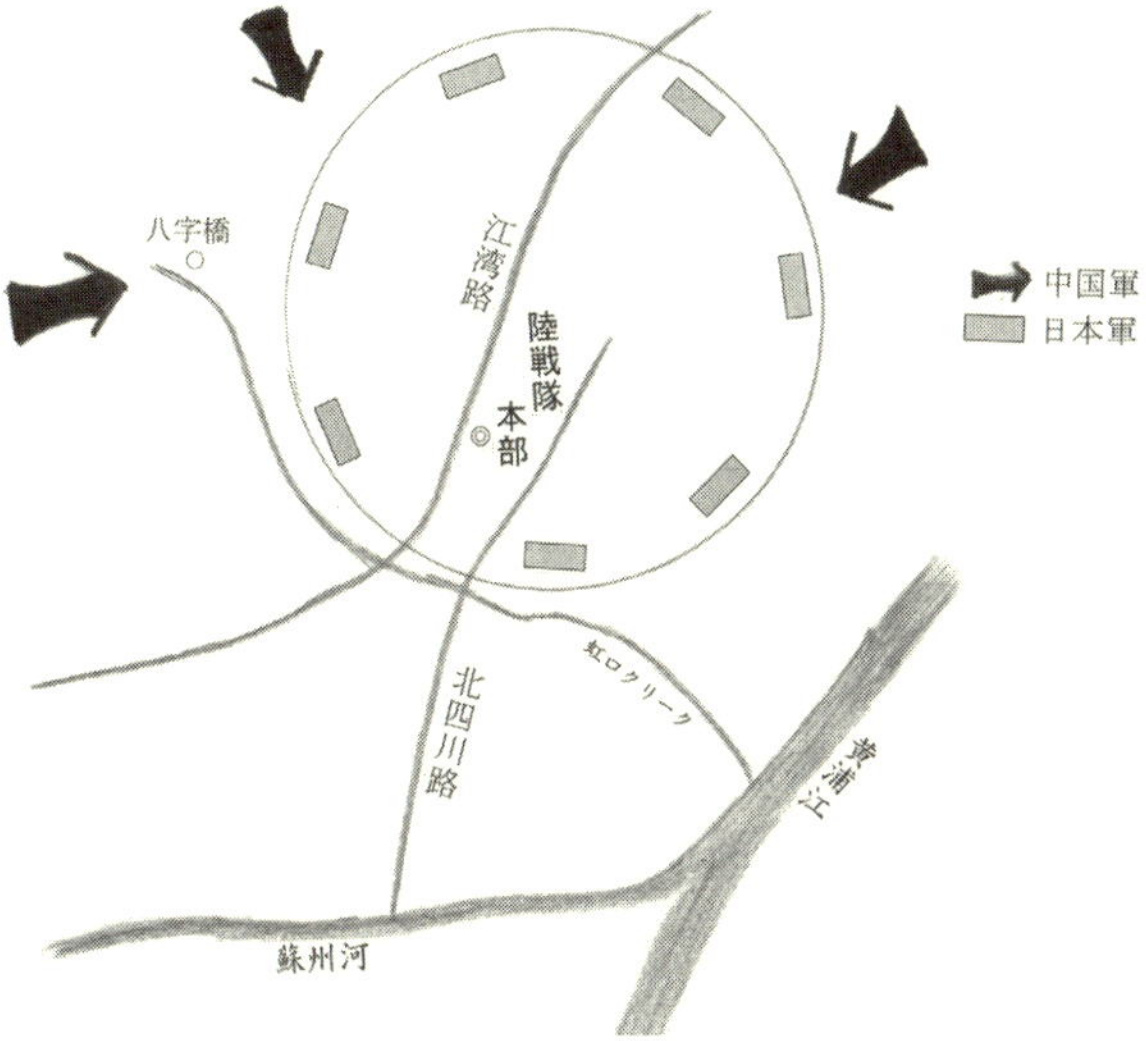

上海海軍特別陸戦隊の防備態勢

八月九日夜のことである。上海市長の兪鴻欽が日本総領事館に岡本季正総領事を前触れもなく訪ねて来た。応対に出た岡本総領事に兪市長は深刻な顔で次のように告げた。

「先ほど午後六時過ぎ、上海陸戦隊の大山中尉他一名が我が方によって射殺されました。これは大山中尉が制止を聞かず、自動車で飛行場に入ろうとしたため我が方と撃ち合いになったためです」

責任は日本側との弁である。岡本総領事は一応聞き置くとしたうえで、近年の中国側の不法行為は目に余ると厳に自戒を求めた。現場は共同租界から離れた上海市の西部、虹橋飛行場正門付近であった。翌十日、日中の官憲、それに工部局のイギリス人官吏を交えての現場検証の結果、大山勇夫中尉、斎藤与蔵一等水兵が死亡、中国保安隊員一名も射殺されたことがわかった。日本側は、被害者二名は突然保安隊によって銃撃を受けたものであり、保安隊員一名は同士討ちによるものと主張したが相手は受け入れなかった。保安隊とは昭和七年の第一次上海事変後の協定で、上海周辺に非武装地帯が設定されたため中国側が創設した組織である。軍隊を置けなくなったので保安隊と称したわけで、実態は軍隊なのである。これは明らかに協定違反なのだが、中国は知らぬ顔であった。

上海海軍特別陸戦隊戦闘風景
（毎日新聞社提供）

大山日記が示すように、蔣介石は日本との一戦を決意していた。近年、アメリカ・スタンフォード大学フーバー研究所が、膨大な蔣介石日記を発掘整理したことにより蔣の心情が窺えるようになった。それによれば、この頃の決意を「日本は一寸を得れば更に一尺を得ようとして果てしがない。滅亡と侮辱を待つよりは、九死に一生を得て国家の尊厳を保存すべき」と記している。

それでは〝九死に一生〟を得ることはできるのか。勝算はあるのか。ここで中国の最高指導者は悲痛な叫びを上げる。「抗日戦は結果と勝敗を知らない」と。しかし蔣介石は、上海という複雑に入り組んだ街路と、川や沼地を利用すれば日本軍に対抗できると考えていた。八月十三日の日記には、「倭に対しては、戦術をもって武器の不足を補い、戦略をもって武器の欠点を補い、敵をして随所において受動的地位に陥らせる」と自信の程を示している。その十三日に両軍は衝突した。第二次上海事変である。

中国軍は上海市内に二万を超える兵力を集中し、日本人居住地区を徐々に圧迫し始めていた。対する日本陸戦隊の常駐兵力は二千、これに応援兵力を加え三千から四千名程だった。日本の陸軍部隊が増援される前に陸戦隊を潰滅し、返す刀で増援の上陸部隊も阻止するというのが中国軍の方針であった。十三日午前九時十五分、上海市北部の陸戦隊本部から土嚢を積んだ二台のトラックが出た。できるだけ前方に防御陣地を構築すべくトラックは宝山路を南に進んだ。このまま行くと虹口クリークにぶつかるが、その交差点に陣地を設けようというものだ。クリーク近くまで来ると、たちまち対岸に布陣していた中国兵から機関銃弾が浴びせられた。トラックには一個分隊五十名ほどの兵隊がいた。このまま敵の機関銃下で作業をせねばならない、どうするか。この時の状況は次のように記録されている。

「岩淵隊長は、及腰で敵弾を受けてガンヽ鳴っているトラックに向け駈け出した。休みもせず一息にトラックによじ登ったと思うと、土嚢を一袋、車のうしろへ放り落した。続いて二つ、三つ、落ちた土嚢のあげる土煙の道路へ、今度は自分の体を転がり落した。そして土嚢の端を右手に掴み、左手は大地について腰をおとしながら上半身をあげて弾丸の来る前方に向って道路を這い出した。交差点まではまだ確かに五十米はある。此の距離の中で何をすべきであるかという事が、今こそ最も雄弁な方法に依って兵に命令されたのである」(『上海激戦十日間』)

かくして陣地は出来上がった。

虹口クリークは日本租界とも言うべき閘北地区前を流れる水路である。この上流、陸戦隊本部から北西に八字橋という橋が架かっている。この一帯を陸戦隊一個大隊が警備していた。十三日午後四時過ぎ、警備陣地の前面で連続して爆破音が炸裂した。見ると八字橋の対岸で土煙が上がっている。中国軍が地雷を爆破させたのである。これが合図であるかのように敵襲が始まった。その数およそ二千である。八字橋警備隊はおよそ四百名と推察されるがその四倍以上の兵力が襲いかかって来たわけである。連絡を受けた陸戦隊司令官大川内傳七海軍少将は、午後五時全軍戦闘配置を命じた。

日中両軍は戦闘状態に入った。中国軍は、八字橋とその南側にある日本人墓地に攻撃を集中した。多勢に無勢は火を見るより明らか、陸戦隊はたちまち苦戦に陥った。苦境を救ったのはこの日の風である。というのは南東の風十四〜五メートルが吹いており日本軍は焼き討ちを決行したのである。中国軍は主として民家に拠っていた。それで前線数ヶ所に火を放った。風向きを咄嗟に見極めた判断だったと思われるが、これは重大な賭けでもあった。間違えば自軍が火に煽られるからだ。幸い、火は強風と共に相手陣地に燃え移った。中国軍は一時後退した。

翌十四日昼前、上海市上空に青天白日旗をマークした戦闘機が現れた。直後、一層大きな機体が続いた。一機、二機、三機、マーチン爆撃機である。爆撃機の目標は黄浦江に碇泊する陸戦隊の旗艦出雲であった。爆弾は投下されたが大きく外れ、出雲には何の被害もなかった。午後四時頃になると、中国機は上海の目抜き通り南京路上空に現れ、パレスホテルとカセイホテルに爆弾を落した。

爆弾は上海一の娯楽場である大世界にも落とされた。この誤爆により二千余名の死傷者が出た。片や日本地区では激烈な戦闘が展開されているのに、此方共同租界では外国人を含む市民が映画や賭博を楽しんでいたのだ。まことに上海とは不思議な町という他ない。夕刻、今度は台湾から飛来した日本海軍の九六式陸上攻撃機が、杭州、広徳を爆撃した。両都市とも上海を遠く離れており、渡洋爆撃と呼ばれたものであった。

一旦後退した八字橋の中国軍は、十四日午後から砲兵の援護を受けながら攻撃を再開した。これより前、閘北地区北側からも攻撃が行われていた。北側は陸戦隊本部に近く、敵は西部と北部から相呼応して一挙に決戦を求めようとするかにみえた。守る日本軍には呉や佐世保から陸戦隊員が増強されていたが、依然として兵員の不足は否めない。十四、十五、十六日と激戦が続き、陸戦隊は鉄壁の守りを貫いていた。八字橋付近の激戦の模様はこうである。

「藤本政一二曹は、部下を率いて日本人墓地を死守していた。夜がほのゞと白んで十七日朝の六時半頃、数百の支那兵は高台の日本人墓地に梯子をかけ蟻のように攀じ登ってきた。射っても射っても屍を乗り超えゝ、後からゝと進んで来た。此の執拗な逆襲はどうにも防ぎようもなかった。わずかな兵で死守している陣地へ、何十倍か数知れぬ敵がひしゝと押し寄せて来るのだ。射ちまくって不図気がつくと、もう機銃の照尺の要らぬ近くまで敵の先頭は這い寄っていた。このあとはどうするか。肉弾しかないのである」

上海戦の実相を記録した映画がある。記録映画監督の亀井文夫による『上海—支那事変後方記録』だ。一時間余に亘って戦闘の痕跡、中国兵捕虜の尋問、日本人児童の登校風景、中国人街の様子などが克明に映されている。その中で市街戦とはどのようなものかをナレーションで大要次のように説明している。

「レンガ、家屋、コンクリート、それらは全て城壁であり堡塁であり塹壕である。敵はこれらに地下室を設け、地雷を埋設し、わが軍に執拗に抵抗を続けた。従って決死隊によって穴が掘られモグラのように這っていって敵の陣地に進む。そうして家屋要塞を一つ一つ攻め落としていく」

陸戦隊の勇猛さと言えば簡単だが、とにかく蔣介石直系の精鋭部隊を日本人居留地区に侵入させなかった。中国軍は近代化されており、大和魂と打倒日本魂は互角であったろう。何か差を認めるならば一陸戦隊員が戦死直前に発した次の言葉に求められよう。

「十五迫弾着極メテ良好、尚五十米高ムルモ良シ、コノ弾着ヲ以テセバ敵全滅モ間モナキト思フ」（十五迫とは十五センチ迫撃砲―筆者注）。

最後まで正確性を求める精神である。

八月初めから、東京の参謀本部では陸軍の増援をめぐって議論が繰り返されていた。海軍からは至急陸兵の応援を求められていたが、作戦部長の石原は消極的であった。しかし八月十三日には陸軍二個師団の増援が閣議で決まった。第四部長の下村は作戦担当ではないが、部長会議が行われる度に第三課（作戦課）の部屋を覗いた。そこには作戦課長武藤章がおり、大きな中国地図に兵力の展開を示す印をつけながら呻吟している。武藤は積極的に陸兵を出すべしとの意見であった。入ってきた下村に武藤は問いかけた。

「部長閣下ならどう処理されますか」

「二個師団派遣はいささか遅きに失したのではないかね」

「同感ですな。いつ、どこに上陸させますか」

「上陸云々よりもこの兵力で足りるかどうかを心配するよ」

下村は殊更中国との戦いを主張したわけではないが、最初に充分な兵力で対処することが早期解決の道と信じていた。盧溝橋事件以来、中国出兵をめぐって後々にまで問題となる拡大か不拡大かという二派があった。七月までは陸海軍ともに作戦を平津地方、即ち北京と天津に限定する方針であった。これは明らかに不拡大方針であった。しかし近衛政府は八月十五日の声明で、〝今ヤ断乎タル措置〟を執ることを明らかにした。暴れる支那を懲らしめる、暴支膺懲に踏み出した。これは明らかに拡大路線である。更に今回の戦いを〝支那事変〟と名付けることになる。下村は武藤に言った。

「石原部長もようやく、俗にいう拡大路線に乗ったわけだね」

武藤は満足そうに答えた。

「まあ乗らざるを得なかったというわけですな。しかし今度は新たな政略を考えておられるようです」

石原の政略とは対中交渉の提案であった。中国に満洲国を承認させ、その代わり日本は中国本土の権益を放棄するという内容で和平交渉に入るべしという。これを政府に申し入れるというのだ。中国との戦いが始まった時に和平交渉を提案するあたり、石原の思考の広さがうかがえる。部長会議で提案があった時、下村は「政戦両略大いに結構」と賛成した。しかし情報担当の第二部長本間雅晴は反対した。理由は定かではないが、第二部は事態は早期に解決するとみており、不必要と考えたのかもしれない。なお、拡大か不拡大かは十一月になって別の意味で再燃することになる。

支那事変は海軍の先導で始まったといえる。陸海軍には盧溝橋事件直後一つの協定が結ばれており、青島と上海に限り居留民保護のために陸軍も出動することになっていた。だから上海の状況を考慮すれば陸兵派遣はやむを得なかったであろう。鈴木貞一が言った〝要すれば出す〟である。

八月十五日、松井石根大将を司令官とする上海派遣軍二個師団が編成された。この上海派遣軍は難しい制約を負わされていた。戦場となる地域は国際都市であるから共同租界やフランス租界には兵火が及ばないようにせよ、というものだ。国際法遵守ではあるが戦闘行動には足かせとなる。その任務は、上海とその北方地区の要線を確保し居留民を保護することであった。中国軍を徹底的に叩くものではなく限定的な内容である。松井はその「出征日誌　八月十六日」のなかで不満を延べ、速やかに南京を攻略すべきだと書いている。司令官自身が最初から南京攻撃を考えていたことは驚きである。

その南京までの道で日本軍は凄まじい中国軍の抵抗に遭うことになる。八月二十三日、名古屋第三師団は上海北方の呉淞鎮鉄道桟橋に、善通寺第十一師団はそれより上流の川沙河口に敵前上陸した。更に北京、天津方面では北支那方面軍が編成された。海軍陸戦隊は敵の猛攻を十日間に亘って耐え抜いたのである。ひと息ついた陸戦隊の間から誰がひねったか一句がつぶやき出た。

〝銃声が終わると起る蝉の声〟

参謀本部第一部長に

昭和十二年九月二十三日、下村定は第一部長の椅子に座った。石原莞爾が関東軍参謀副長に異動した後を受けたのである。奇才石原はその〝国防国策大綱〟を掲げて参謀本部を切り盛りしたが、目前に展開する日中の衝突には手を焼いた。自らが信ずる不拡大方針では対処出来なくなった。むしろ全中国を挙げた総抵抗が石原の理想を吹き飛ばしたと言えるであろう。

少将時代の下村

下村は七月の盧溝橋事件以来直接作戦の衝に当たっていたわけではなかったが、第四部長として参謀本部の一角にあり彼我の状況は把握していた。下村が第一部長になった時、上海北方では二個師団が戦っており、更に三個師団が戦闘に加わろうとしていた。中国軍は二十万、三十万と圧倒的であり、とても当初の二個師団では前に進めなかったのである。兵力量を憂慮した彼の見方が的中したのであった。問題は果してこの五個師団で解決するのか、終結の目途はいつか、蔣介石は果たして折れてくるのかといった政略、戦略的分野にあったといえよう。

これから下村の第一部長在任期間はわずか三ヶ月余に過ぎない。だが日本にとって非常に重要な三ヶ月であり、下村自身にとっても生涯の華となる。果たして下村は目前の事態にどう対処していこうというのか。

第一部は作戦立案部署である。陸大首席の秀才はついに統帥の事実上の頂点に登ったのである。そして第三課が作戦課であり、武藤章が課長であった。下村は早速武藤を呼んだ。

「上海に陸軍が上陸以来一ヶ月が経つ。一体何個師団いるんだ」

言わずもがなの質問であった。進行が遅いという下村の腹を読んだ武藤は答える。

「来月上旬を期して北支と上海両方面で大攻勢に出ます。これによって敵は撃破され事変は終局に向かうとみられます」

下村は不満げである

「それは上奏内容だろう。問題は文章ではなく現実が達成できるかどうかだ」

「遅くとも十月下旬までには完了しますよ」

ここでいう上奏とは九月二十日に陛下に対して行われたもので、起案者は武藤であった。現下の戦闘情勢と見通しを陛下に説明したものであった。それは、

「対支作戦目下ノ兵力ハ対露作戦ヲ顧慮スルトキハ使用シ得ル極限ニ達シアリ　而シテ此ノ兵力ヲ以テ北支那方面軍及上海派遣軍ノ決勝会戦ヲ遂行スルコトハ困難ニ非スト考ヘアリ」という説明で始まっている。

武藤が自信を持って書き、自身が上奏したものである。下村はなおも畳み掛けた。

「支那における兵力が極限であることは現状では君の書いた通りだ。だからこそ一兵も無駄にせず使わなければいかんよ」

武藤は口をつなぐ。

「だからこそ一挙に南北で攻勢に出るわけです」

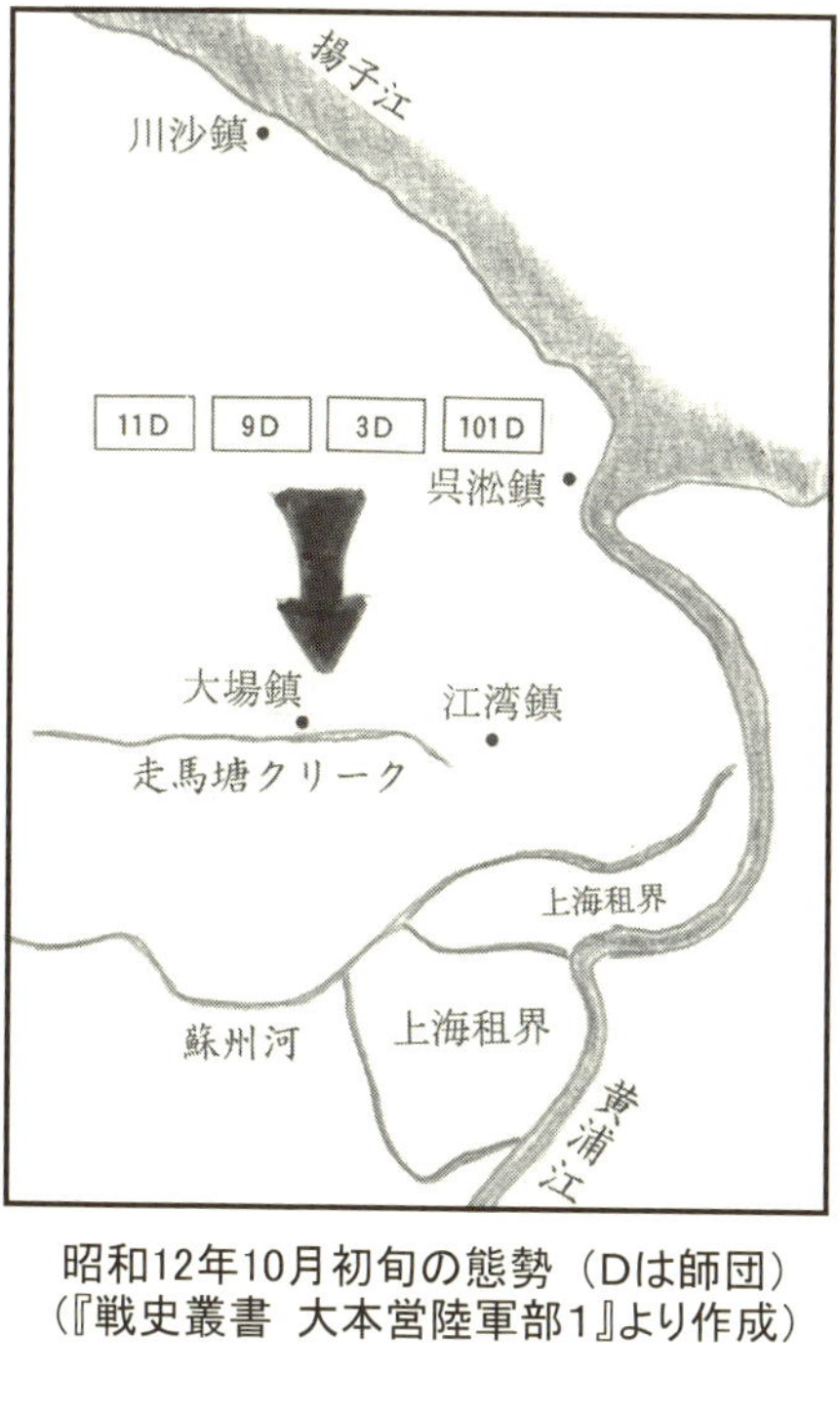

昭和12年10月初旬の態勢（Dは師団）
（『戦史叢書　大本営陸軍部1』より作成）

上奏内容は更に次のように続く。

「北支及上海両方面ニ於テ大攻勢ヲ実施シ得ル時期ハ輸送ノ関係上概ネ十月上旬ナリ　本攻勢ハ対支決勝会戦タラシムル如ク両方面略同時ニ成ルベク大ナル打撃ヲ與ヘ　以テ敵ヲ屈服セシムル動機ヲ作ルヲ要ス」

下村がにらむ中国戦線は主として二つあった。河北省と山西省を戦場とする北支方面と上海周辺である。北支には北支那派遣軍（寺内寿一大将）八個師団、上海には松井石根大将の五個師団が在った。この頃、日本陸軍の動員可能兵力は三十個師団と計算されていた。このうち対ソ戦備には十九個師団が予定されていたから既に余力はないのである。下村は作戦を再検討する肚であった。

この一ヶ月、上海周辺での戦闘はどうであったか。事実、上海での戦いは亀が進むようであった。前述したように、上海派遣軍の上陸は八月二十三日に始まった。名古屋第三師団が呉淞鎮鉄道桟橋に、善通寺第十一師団がそれより上流揚子江沿いの川沙河口に上陸した。この派遣軍に参謀として勤務したのが西原一策大佐である。西原は三年後、北部仏印進駐の時監視団長となり名を知られることになる。以下に掲げるのは、西原の作戦日誌からの抜粋である。

「8月23日　3D　呉淞鎮鉄道桟橋上陸　軍司令官幕僚全員反対ス　作戦ハ一カバチカノ戦闘ナリ　心配多キモノナリ」（Dとは師団の意。3Dは第三師団　筆者注）

派遣軍が反対した理由は上陸地点が上海に近く危険であるということなのか、それとも23日という日が悪かったのか。それこそ〝イチカバチカ〟であった。十一師団についても記されている。

「夜襲ヲ受ケ混乱ニ陥ル　友軍相撃多数ノ死傷者ヲ出セリ　婦女子ヲモ悉ク殺害スルノ必要ヲ生シタリ」

この記述からはある事実が読み取れる。それは、新たに戦場に到着した軍隊というものは必ずしも強力ではないということだ。戦場に不慣れということが一番の原因であろう。〃婦女子殺害〃とは残酷である。混乱の結果が非戦闘員への攻撃となったのであろうか。

中国軍の夜襲は上海市街戦で海軍陸戦隊が充分経験済みのはずであった。もしこの戦訓が生かされてなかったならば怠慢というしかない。〃混乱〃の一つは後方からの友軍の誤射であった。第十一師団の高知第四十四連隊の記録には、戦場の被災民、と題して次のように書かれている。

「第三中隊は川沙鎮で小休憩の後、黎家宅付近に向かい前進した。付近の民家は焼けていて住民の姿は見えない。ところが一軒の焼けて煙を上げている民家で、一人の老農夫がうずくまっていた。そして自分の家が焼けるのを惜しそうに眺めている。敵が退却に際し放火したか、或はわが軍の砲撃により焼けたか、戦場になった住民の悲惨な情景であった。敵が退却する際、一般住民は避難する。その時に身体の丈夫な者は先に逃げて、病人、婦女子、老人などは置き去りになる」（『江南の土佐魂　歩兵第四十四連隊和知部隊戦記』）

弱い者が残されるとあっては、意図しなくとも婦女子は犠牲とならざるを得なかったのである。

「8月28日　11D羅店鎮占領　工兵中隊ノ全滅」

「8月31日　片山少将ノ指揮スル6iハ軍工路ニ沿フ地区ヲ南方ニ攻撃前進シタルモ敵ノ為撃退セラル」（6iとは名古屋の第六連隊　筆者注）

この日の記述にも〝全滅〟の文字が見える。

「催涙性瓦斯弾　使用見合セノ件」

化学兵器については下村が出席した軍縮会議でも討議され、致死性ガス兵器は使わないという各国の大方の了解があった。だから軽微なものは所持してよいことになる。連隊や大隊の本部には瓦斯掛があって兵器を厳重に管理していた。日記には催涙性瓦斯弾とあるが、他にどのようなものがあったのか定かではない。使用については参謀本部の許可が必要だったようだ。

化学兵器は相手も所持していた。第三師団静岡第三十四連隊の兵士は、中国軍が毒ガスを使用したためクリークの水に顔をつけて防いだと語っている。下村の後任で第一部長を務めた橋本群中将は回想録で、総じて化学兵器使用についてはその性格上消極的であり、あまり噂が広がらないような山西省の山岳地帯では許可したと述べている。

「9月5日　3D　宝山城攻撃　天谷支隊、浅間支隊戦闘参加」

宝山城とは今日の宝山製鉄所のある場所だ。天谷支隊、浅間支隊とも十一師団の部隊である。

「9月7日　天谷、浅間支隊前進　虎列拉　九三〇人　此日ノ戦闘ハ天谷支隊長ハ敗レタリト」

虎列拉―コレラである。戦傷死は仕方がないとしても、伝染病は軍の最も嫌う敵であった。

原因の一つに、戦地で手に入れた朱塗りの容器で料理をしたことにあった。何とこの豪華な品が便器であったことがわかった時は一同唖然とした。

「9月9日　大隊長　副官　中隊長二戦死　中隊長一　機関銃中隊長　工兵小隊長重傷」

「9月11日　天谷、浅間支隊　月浦鎮占領　3D楊行鎮占領」

「9月13日　片山支隊　江湾ニ近迫」

「9月18日　重藤支隊　貴腰湾南側ニ集結」

片山支隊は第三師団、重藤支隊とは台湾から派遣された部隊であり、貴腰湾は川沙河口に近い揚子江沿いの一地点である。第三師団、第十一師団ともに、揚子江下流の地に上陸し、上海包囲の態勢を採っている中国軍を北側から圧迫し打撃を与えようとするものであった。だが九月中旬に至るも敵に十分な打撃を与えることはできなかった。何しろ相手の数が多すぎた。この頃の中国軍の数は三十五万名と推定されている。対して日本軍は二個師団、五万名にも達していないのである。「兵力ノ損耗甚ダシク戦力逐次低下シ爾後ノ戦況意ノ如ク進展セズ」と率直に記されている（「支那事変に於ける主要作戦の概要」）。

「10月1日　歩三四ハ中隊ノ平均約五十名トナル」

歩三四は静岡三十四連隊のことである。明治時代の文書では、一個中隊には戦時編成で二百名の兵隊がいることになっている。昭和のこの時代ではもっと多いかもしれない。その二百名中、百五十名が死傷したことになるのである。一中隊の話ではない。全中隊においてである。

更に戦場の実相を参加各部隊の記録から見てみよう。

第十一師団の徳島歩兵第四十三連隊は川沙河口に上陸した部隊だ。その上陸日である八月二十三日には数回の空爆があった。そして夜襲についても連隊史は記す。

「夜半過ギヨリ第一線ニ活発ナル敵襲アリ且ツ貴腰湾付近砲兵弾薬モ亦縷々敵襲ヲ受ケタル」

この夜襲により混乱を生じたことは参謀記録にある通りだ。二日後、二十五日の日誌には、中国軍について冷静な観察を載せている。

「敵陣地ハ巧ニ地形特ニ水濠ヲ利用シテ側防設備ヲ堅固ニシ、陣地ノ秘匿巧ミナルヲ以テ之ガ発見困難、加フルニ数人ヨリ成ル狙撃部隊ヲ残置シアル等、防戦克ク努メ特ニ第一線連隊ノ右翼第一大隊正面ハ敵陣地ノ最モ堅固ナル方向ナルヲ以テ戦況意ノ如ク発展セズ」

相手陣地が巧妙であることは呉淞鉄道桟橋に揚った部隊も同じ観察をしている。第三師団岐阜第六十八連隊第一大隊である。

「各部落或ハ地形地物ヲ利用シ陣地ヲ占領シ斜射側射ニ努メ、特ニ偽装及遮蔽良好ニシテ昼間ハ小部隊或ハ監視兵ノミ配置シ、大部隊ハ後方ニ拘置シ主トシテ夜間攻撃ヲ実行セリ」

「大隊正面ノ敵ハ八十七師、第百十三団ナルモノノ如シ　其ノ師長王敬久ニシテ軽機関銃多数ヲ有シ幹部ハ防毒面ヲ所持セルモノ有リ　各人手榴弾数発ヲ携行シ其ノ使用巧ナリ」

中国兵はもはや往年の清国兵ではなかった。神出鬼没、特に狙撃に長じ敢闘精神は旺盛である。〝斜射側斜〟とは読んで字の如くだと思われるが、これも中国兵の動きが軽快であることからできるのであろう。特にチェコ製の軽機関銃が威力を発揮した。二十九日には舌戦が演じられた。

我「日本軍は殺さぬから降参して来い」

彼「日本人はウソを言って殺す」

相対すること十メートル、中国語の上手い兵士が呼びかけたものだ。一時休止の一コマだが、頑強な中国兵にウンザリした日本兵の叫び声とも言えるであろう。

戦死二五二八名、戦傷九八〇六名。九月末時点での犠牲者数を前に下村は愕然とした。これは上海方面での数字だ。優に一個師団分の兵員が失われている。戦闘は上海周辺だけではない。河北省でも山西省でも行われているのだ。

戦況報告を聞くたびに水郷地帯という戦場の特異性が浮かび上がってくる。しかも相手は陣地構築が巧みときている。五年前の第一次上海事変も状況は同じであったはずだ。戦訓が生かされているとは思えない。

日本軍は、第三国の権益を侵さぬようにという中央の命令を忠実に守っていたが、第三国は蔭で中国軍を支援していたようである。それは、中国軍陣地を占領してみるとヨーロッパ製のパンが保管されてあったことだ。イギリスと日本軍はにらんだ。もし戦いの合間に日本軍将兵が念入りに敵軍の動きを眺めたならば、中国兵に混じって幾人かの西洋人の姿をとらえたであろう。そんな余裕はなかったかも知れないが、確かに紅毛の一群が中国兵の間を動き回っていたのだ。一体彼らは何者なのか。

下村は多分忘れていたのである。実は南京政府の背後にはこの五年間にある国の強力な援助があったことを。

南京政府の背後にいたドイツ軍事顧問団

上海戦で中国軍の傍にいたのは、アレクサンダー・フォン・ファルケンハウゼンという退役ドイツ陸軍中将であった。リタイアーとはいえ何故にドイツの高級軍人が蔣介石軍に附いていたのか。否、ファルケンハウゼンは附いて観戦していたのではない。最前線に立って中国軍将兵の動きを見ながら彼らにアドバイスを与え、時には命令した。この軍人はドイツ軍事顧問団の団長という地位にあった。

ドイツは多くの専門家を中国に送り、広東省では大規模な工場を作って兵器生産を行っていた。ドイツの肩入れは第一次上海事変後から本格化していたのである。昭和八年五月四日に、シンガポール田村総領事から内田康哉外務大臣に宛てた電報がある。文面は次の通りだ。

「コンテベルデ号ニハ陳銘枢ノ他、欧州大戦中マッケンゼン軍参謀長ニシテ後ドイツ陸軍司令官タリシ、ハンス・フォン・ゼークト大将乗船シ居リ　上海上陸後ハ重要外交又ハ軍職ニ就クノ噂アルモ、最近支那軍隊ニ独逸軍人雇用説アルニ鑑ミ或ハ同顧問タルニアラスヤトテ英字新聞ハ大袈裟ニ報道セリ」

田村総領事は〝大袈裟〟と打電したが英字新聞の方が正確であった。ゼークトの訪中は蔣介石の招待であり、翌年大将はドイツ軍事顧問団の第四代団長となるのである。一介の退役将軍について外務大臣宛て電報が打たれたのは、何よりもゼークトという人物の声望の大きさであろう。

　ゼークトはマルヌの戦いに従軍しドイツ敗戦後は第二帝国最後の参謀総長を務めた。一九二〇年からは国防軍のトップにあり、ベルサイユ条約下に制限された十万陸軍の整備に力を注いだ。彼が一躍時の人となったのは一九二三年である。第一次大戦後、ドイツはワイマール共和国として新しい道を歩み始めるが、過酷な賠償がおおいかぶさり内情は複雑であった。この年バイエルン州では、ベルサイユ条約の破棄を連邦政府に求め君主制を復活する動きが強まった。ベルリンを慌てさせたのはバイエルン駐留軍隊が州政府に同調したことであった。つまり、ベルリンとバイエルンの対立となったのである。まるでドイツ統一前の分立時代に逆戻りするかのようであった。

　このまま放置すれば内乱となる可能性があるため、政府は憲法による非常事態を宣言、全ての権限はゼークトに回って来たのであった。時あたかもヒットラーによるミュンヘン蜂起（バイエルン政府により鎮圧）、ザクセン州では共産党の進出など、国内は物情騒然たるものがあった。ゼークトは、首相シュトレーゼマンと緊密に連絡を取り合いながら、一兵も動かすことなく危機を乗り切った。その人物が躍進を遂げようとする中国に顔を見せたのである。

　下村は思い出していた。そういえば八年前の欧州駐在の頃、「ドイツ軍人の海外雇用先」という報告書を本国宛に書いたではないか。そもそも敗戦国ドイツは、陸海空の軍人を海外に駐在させたりアドバイザーとして送り込むことを禁止されていた。これもまたベルサイユ条約による極端な締め付けであった。「しかし」としながら下村は、「前掲条文ノ厳格ナル履行カ事実上頗ル困難ナルコト、並理由ニ就テハ茲ニ縷説ノ要ナカルヘク又戦後各方面ニ於テ直接間接抵触事例アルコト亦周知ノ事実タリ」と当時の白川陸軍大臣に報告していた。自身で調べたところでは、南米、トルコを中心にドイツは九ヶ国に五十七名を派遣していた。今読み返してみて自身ふと思い至ったことがあった。

〝そうだ　これを書きながら自分は不安を感じていたのだ〟

派遣ドイツ軍人一覧表のなかで、ＣＨＩＮＥとした欄にはマックス・バウアーという名前一人しかいない〟

〝しかしこの一人だけに自分は大きく丸を付けているではないか。何らかの徴候を感じ取ったはずなのだ。それは恐らく統一なった中国がドイツの援助で強大になるという予想、不安ではなかったか〟

下村の報告書は昭和四年二月のものだがバウアー大佐こそ最初のドイツ人顧問というべき人であった。彼の努力により、ドイツから軍事のみならず経済、産業分野でのアドバイザーが中国に送り込まれた。バウアーは献身的に中国援助を推進し、この異国の地で没している。

下村が書いたように、ドイツの軍人は海外で雇用されないはずであったが、退役者であれば免れる。当初はこのような形で外国軍隊に招聘される例が多かったと思われるが、次第に条約の規定は有名無実化されたらしい。

ゼークトの訪中に伴って重要なことは兵器工場の建設であった。昭和十年初めになって広東第二兵器製造廠となって完成し、秋からフルスピードで生産が開始された。主要工場は四つ、大砲工場、砲弾工場、毒ガス工場、防毒マスク工場である。毒ガス兵器があるのには注目される。中国軍は堂々と化学兵器生産に力を入れていたのだ。揚子江沿岸に上陸した日本軍は防毒マスクを付けた敵兵を目撃しているが、恐らくこの広東第二兵器製造廠で生産されたのであろう。

ドイツに対しては中国から錫やタングステンが輸出されるようになった。興味深いのは、この兵器工場の契約が南京中央政府ではなく西南派との間で締結されたことである。蔣介石政府は確かに全土を統一したが、いろいろ異分子を抱えていた。その最大勢力が広東、広西両省を地盤とする西南派（両広派ともいう）であった。ドイツもしたたかに二股をかけたとも言える。群雄割拠を利用したとも解されようが、この点で中国は各邦から成り立っているドイツと歴史的に共通している。心理的にも両国は通じ合うところがあったのではなかろうか。この兵器工場は結局は蔣介石が西南派を制圧したため中央政府直轄となった。

ゼークトが蔣介石に助言したポイントは三点ある。先ず中国には軍人が多過ぎるというのだ。しかもそれらは土豪、地方閥であり、真の軍人とは言い難い。従って適正な規模の装備良好な軍隊を作るべきである。次に、軍隊の指揮系統、任用は統一された方針に基いて行われなければならないということだ。三番目として、範となるべき一個の軍隊モデルを作り、それを基に十万の精鋭軍に拡大させるという計画である。

至ってまともな意見であるが、まともなことができていない中国軍であるから、蔣介石も大いに頷いたことだろう。三番目の十万軍構想はかってドイツが強いられたワイマール国防軍そのものである。

こうした助言に従って蔣介石は軍事改革に乗り出した。指揮系統の簡素化のため旅団を廃止した。師団の下は連隊とし一師団三個連隊編成となった。兵の錬成強化のために江西省廬山に軍事訓練団を設けた。なぜこの地に作ったかといえば、南京政府にとって当面の敵が江西省内に地歩を築いた共産党であったからである。

ゼークトを招いた昭和八年の秋から、国民党軍は八十万の大軍で江西省の中華ソヴィエト地区の首都ともいうべき瑞金を目指した。瑞金は朱徳、毛沢東らが依拠する革命の聖地である。軍事顧問団が推奨した戦術は、強固な堡塁、つまりロシア語でいうトーチカを築きながら相手を押し込めていくものであった。

共産軍は遊撃戦を得意としてきたが、多くのトーチカ（二九〇〇個築いたと言われる）に跳ね返されて撃退されていった。驚くべきは、共産軍のなかにもドイツ人顧問がいたことである。オットー・ブラウンという、コミンテルンから派遣された共産党員であった。ブラウンは李徳という中国名を名乗り、ゼークト方式を真似てトーチカ戦術を採ったが、時すでに遅しであった。瑞金は一年にわたる攻防戦の末陥落し、中国共産党勢力は多くの一族を引き連れて大西遷に移っていったのである（ドイツの対中援助については『成城法学』77号・田嶋信雄論文による）。

掃共戦で実績を挙げたドイツ軍事顧問団は、上海の戦いでも陰に陽に中国軍を指導した。日中衝突の時に軍事顧問団長だったのがファルケンハウゼンである。この退役中将は大正時代に駐日武官を務めた日本通であった。彼は日本語を解したので、日本軍の特性や戦術についても理解していたと思われる。

昭和十二年になると広東第二兵器製造廠も軌道に乗り、軍の装備も充実してきた。ファルケンハウゼンのアドバイスは基本的にはゼークトと同じトーチカを有効に利用することであった。しかも上海地区については、地形の特徴である大小河川、クリーク（水濠）とトーチカを有機的に組み合わせることであった。上海をめぐる三つの主要河川、揚子江、黄浦江、蘇州河に沿っていくつもの防御陣地を構築した。陣地がない場所でも無数のクリークが天然の要害となった。

ドイツ軍事顧問団は翌昭和十三年夏には日本政府の抗議を受けて引き上げることになるが、帰国途上のシンガポールでファルケンハウゼンは自信たっぷりに語っている。

「中国はどのような線に沿って戦争を続けるべきか知っている。この国は長期抗戦が可能である」

日本軍は明らかに壁にぶつかっていた。

上海戦線「二〇三高地」攻略戦

〝上海市内に三十万、市の郊外西側に二十万、十一師団が占領した羅店鎮方面に又もや十八万、これでは七十万を超えるではないか〟

部長室には大陸での戦況報告がひっきりなしに舞い込む。それらに眼を通しながら下村は、上海を包囲している中国軍の兵力を計算していた。〝この差はどうしようもない、我が軍投入の時期は一ヶ月遅れた〟というのが自身の実感であった。

それでも日本軍が敗れないのは総合的な戦力に差があったためである。兵数は確かに相手が圧倒的である。しかし兵の練度、指揮能力、兵器では野戦砲において日本は優位であった。同じ一個師団でも中国軍のそれと比較した場合、倍、三倍の力があったのである。それでも苦戦は続いている。何とかせねばならない。

九月末までの中国大陸における兵力配備は北方重視であった。黄河以北には八個師団が在ったのに対し、上海方面は五個師団であった。これは北の戦域が広大であったからである。そのため主力を北方河北省と山西省に投入し、早めに中国軍の戦意を挫折させようとしたのである。ところが相手の戦意は旺盛で、兵力の多くは揚子江周辺に配備され、ために日本軍の損害は北方よりも南方が次第に多くなってきていた。下村の決断は早かった。第一部の主だった者を集め基本方針を指示した。

「蔣介石は上海地区司令官でもある。中国の長たる者が司令官であるということは、現下上海を最も重視している証左である。速やかに兵力運用の転換を行うこととしたい。尚北支那方面は進出の限界を決めなければならぬ」

これを受けて作戦課では計画を立案した。それは次の通りである。
一、軍ハ速カニ上海方面ニ於テ所望ノ戦果ヲ獲得スルコトヲ求ムルト共ニ北支那方面ニ於テハ占領地域ヲ安定確保スニ、北支那及上海方面ノ作戦　初期ノ目的ヲ達成シタル後ニ於テハ　持久作戦ニ移リ主トシテ航空作戦ヲ以テ要地ノ攻略ヲ続行シテ敵ノ戦意ヲ喪失セシム

部内の有力な意見として山東半島の青島攻略案があった。しかし下村は当面の第一目標は何よりも上海方面であることを貫いた。計画には新たな措置が加えられた。

三、第十軍ヲ以テ杭州湾北岸ニ上陸セシメ上海派遣軍ノ任務達成ヲ用意ナラシム

この上陸作戦は、上海を南北から挟み撃ちにして敵に大打撃を与え、それこそ戦果を獲得するためである。北支那方面軍の限界は、石家荘、徳州をつなぐ線と決めた。それぞれ河北省、山東省の都市であり、方面軍はこれより南側には作戦してはならないことになる。これは作戦制令線と呼ばれるものである。制令線は後になって重要な問題として再燃する。

十月一日、近衛総理は陸、海、外相との協議で「支那事変処理要綱」を決定した。これは政治レベルでの和平を想定したものであった。その和平交渉のタイミングは、敵を上海停戦協定の地域外に駆逐した時としている。

この停戦協定とは昭和七年の第一次上海事変後に設定されたもので、上海を流れる蘇州河に沿って遠く北西の揚子江岸までの地域であった。この内には中国軍は駐屯すべからずという内容である。それは租界に住む民間人、第一には日本人であるが、そうした居留民を危険から守るためであった。日本は海軍陸戦隊を常駐させているのだから不公平な協定なのだが、それが国際政治に於ける日中の力の差という他ない。

要綱には中国側と交渉すべき事項として賠償を挙げていた。これは多分に国内世論に配慮し

たものであった。予想以上の戦死者を出したからである。下村の前任者である石原は、こうした和平案についても腹案を作成し政府側に要請していた。石原も国内世論の高潮は十分予想していたが、情と理ははっきりと区別すべきという考えであった。国内世論に惑わされず断乎として大局に立ち賠償は求めないという意見であった。ところが、内閣は早くもそれを掲げだしたのである。

要綱のなかでもう一つ重要なことは兵力を行使する地域について、中部では上海周辺と定めたことである。この周辺とはどこまでなのか曖昧だが、次第に〝周辺〟は拡大されていくことになる。

政府側の支那事変処理要綱と下村の作戦計画は政戦両略と言えよう。参謀本部の方針は直ちに上海派遣軍司令官の松井石根大将に伝えられたに違いない。いわば腰を叩く意味もあった。派遣軍は新たな作戦計画を練り上げた。

一、主力は南方に向って、右から金沢第九師団、名古屋第三師団、東京第百一師団を第一線とし、大場鎮付近の攻撃を準備する。

一、大場鎮付近の敵攻撃後は蘇州河の線に進出し上海北側の敵を撃破する。

一、攻撃開始は、十月八日から十二日とする。

八月二十三日の上陸以来各部隊は一つ一つ敵陣を突破し、上海に迫っていた。大場鎮は上海郊外の重要な防衛拠点であり、一挙に敵の本陣を突くというわけである。主力の側面防御のため、善通寺第十一師団、それに仙台第十三師団が充てられた。上海派遣軍は当初二個師団に過ぎなかったが、この時までに金沢第九、仙台第十三、東京第百一の三個師団が加えられていた。更に十一月にかけて四個師団が増強され、師団数で北支那方面軍を上回ることになるのである。かくして大場鎮の戦闘が開始された。

大場鎮とは上海市の北西わずか数キロに位置する小邑であるが、背後を走馬塘クリークが流れ、中国軍としては絶対に後退できない要地であった。東の江湾鎮とともに江南ヒンデンブルグラインという防御陣地を構成していた。第一次大戦の英雄の名を採った地下壕を備えたドイツ自慢の要塞地帯であった。誰が名付けたか、上海の二〇三高地という。ここを占領すれば上海と首都南京を分断できるのだ。攻撃の主役は第三師団に託された。ことに名古屋第六連隊、静岡第三十四連隊である（随所にでてくる鎮とは町を意味する）。

六連隊の攻撃開始は、計画よりも遅れ十月十九日となった。午前七時半、歩兵が一つの陣地に迫るが、忽ち手榴弾が雨あられと飛んでくる。中国兵の投擲能力は日本兵を明らかに上回っていた。それは技量もあるが、手榴弾の技術的差異が大きく影響した。彼らのものは曳火弾といって一定秒数が経てば爆発するが、日本軍のものは着発弾であった。着発、つまり地上に落ちてショックで爆発する仕掛けだ。ところがこれが爆発しないのだ。戦場が泥濘地帯のためクッションとなり土に埋まってしまうのである。某小隊長は憤激のあまり、どうかしてくれと上級司令部に怒鳴り込んだという。午前八時半、敵陣地の一つを占領した。と思いきや、今度は右からも左からも銃弾が飛んできた。日本兵が必死で占領したのはわずかに一角で、陣地は二重三重に作られていたのだ。日本兵はそこから動けず夜になった。

第三師団は大場鎮攻撃にあたり各種野戦砲百二十門を準備した。これら榴弾砲、加農砲の支援射撃のもとに工兵、歩兵が前進した。砲兵の射撃は朝真っ先に行われたが、秋の濃霧のために観測が上手くいかず効果をあげられないことがあった。二十日朝、各隊は大場鎮前の陣地に殺到した。歩兵第六連隊第二大隊の戦闘詳報は次の様に記している。

「然シ其堅固ナル敵陣地ハ毫モ変化ナク、後方陣地ヨリスル敵ノ増加ハ益々砲撃・小銃弾ノ威力ヲ増スノミニシテ我ニ死傷続出シ、戦況ハ紛糾スルノミニシテ惨烈ナル中ニ遂ニ夜ニ入レリ」

〝敵ノ増加〟とあるが、全く彼我兵力に格段の差があった。第二大隊前面の敵は約二千名と推定されていたが第二大隊はどうだったか。普通一個大隊は六百名程であるが、歴戦の第二大隊はこの時、おそらくその半分程であったと思われる。数倍の敵に向かって攻撃していることになる。〝堅固ナル敵陣地〟とは、上海市街戦とはまた異なり、ベトンで固められたトーチカであった。更に相手は各所に散在する土饅頭を陣地化していた。土饅頭とはお墓である。通常のトーチカと土饅頭を巧みに組み併せているため、日本兵の迂回を容易に許さなかった。大隊は翌日の攻撃に戦車を使用することにした。

二十一日、午前八時二十分、八九式中戦車の五十七ミリ砲が火を吹いた。砲撃に先立ち工兵が事前偵察を行い障害物を除去した。戦車の道を作るわけである。大隊の兵が戦車と協力しながら前進し、午前九時二十分一陣地を奪取した。この後の状況を戦闘詳報は記す。

「戦車中隊ハ敵第一線ノ掩蓋自動火器ニ対シ射撃ヲ及ホシ克ク第一線ニ協力セシモ敵ノ掩蓋

ハ竹藪ヲ巧ミニ利用シアリテ之ニ対スル効果予期ノ如クナラス　殊ニ敵ノ第一線減少セハ直チニ後方ヨリ交通壕ニヨリ増加シ来ルノ状態ニシテ、実ニクリーク、竹藪等ニ阻害セラレテ戦車ヲ敵陣地内部ニ深ク喫入シテ之ヲ蹂躙スルヲ得サル状態ナリ」

〝交通壕〟とは防護された道のことであろう。これが四通八達に構成されているらしい。中国軍陣地の精強さは日本軍の予想をはるかに上回っていた。それでも工兵は朝から敵の隙を見て破壊筒を持って障害物を爆破していた。〝破壊筒〟とは長さ数メートルのパイプ管のようなものである。中に爆薬が仕掛けられており、導火索に点火して爆発させる。この破壊筒を有名にしたのは五年前の昭和七年二月、第一次上海事変の時であった。六連隊が戦っている場所から程近い廟巷鎮に〝居抱き合いたる破壊筒〟で突入した三人の兵士がいた。爆弾三勇士である。江下、北川、作江の三人は軍神に祭り上げられたが、今六連隊の工兵も軍神さながらの奮闘であった。

第二大隊長松本少佐は、夕方強行突撃を厳命したが成功しなかった。

「彼我ノ銃砲声耳ヲ聾シ、第一線部隊ノ苦戦例フルニモノナク戦死傷者ノ収容意ノ如クナラス、弾薬糧食ノ補充共ニ苦心頗ル多シ」

かくして攻撃三日目の夜に入った。戦場一帯が真っ暗闇となっても敵にとっては自分達の庭である。しきりに夜襲を繰り返し日本兵は休む時がなかった。

二十二日、攻撃は午前六時に始まった。

「午前六時ニ至ルヤ第六中隊先ツ（13）陣地ニ向ヒ突撃ヲ敢行シタルモ敵頑強ニシテ成功セ

ス（15）陣地正面ハ工兵ノ協力ノモトニ各中隊共ニ敵交通壕ノ一部ヲ奪取セル他殆ト前進デキス　爾後両方面共ニ突撃ニ突撃ヲ反復スレトモ予期ノ如ク成功スルニ至ラス　夜ニ入ル」

戦況は時間のずれを伴って上海派遣軍司令部から遠く参謀本部に伝えられる。大場鎮攻撃の主役が名古屋師団と聞いて、下村はとりわけ作戦地図に見入っていた。作戦の中枢にまで昇りつめたこの男は、かっての名古屋陸軍幼年学校を思い出していたに違いない。

名古屋は多感な時を過ごした土地であったのだ。そして学校長は橘周太少佐であった。橘校長は下村らを送り出した後、日露の役に出征した。部隊は静岡三十四連隊である、首山堡の戦いで壮烈な戦死を遂げた。伝統の三十四連隊は今六連隊に隣り合って共に猛攻撃を繰り返していた。静岡部隊も苦戦中であった。状況は全く同じであった。連隊長の田上八郎大佐は戦術家としても知られており、相手陣地の一角を奪った時に日章旗を振らせた。中国兵はすでに日本兵に占領されたと思い込み退却していった。余計な銃砲弾を節約できたわけである。

またある時には俘虜を最前線に立たせ降伏を呼び掛けた。ところ相手は銃弾で答えたのである。味方の兵を殺しても彼らは抗戦を止めなかった。

第三師団将兵の像（愛知県南知多町）

十月二十三日、敵後方部隊の一部に動揺する兆しが見えた。どういう徴候だったのか戦闘詳報は記していないが、戦場に在るものだけが捉える勘だったのであろう。二十四日午前五時三十分、折からの濃霧のなか第二大隊は只管突撃した。一時間にして堅塁を誇った敵陣地は陥落した。離接する岐阜第六十八連隊、豊橋第十八連隊、そして三十四連隊も破竹の勢いで南を目指した。大場鎮陥落は二日後の二十六日のことである。六連隊の戦死者は銅像となって愛知県南知多町の一寺院に佇んでいる。

遠く東京の参謀本部で、下村は大場鎮陥落の報を今か今かと待っていた。その傍ら、十月から十一月にかけての上海周辺の気象状況を綿密に調べさせた。風、雲、雨、波浪、温度、そして晴の日はいつか一日一日予報を立てた。更に上海周辺の敵軍配置を様々な手段で探った。そうしたところへ大場鎮が落ちたとの吉報が舞い込んだ。下村以下参謀本部は踊り上がった。好機到来である。すでに三個師団から成る一軍が編成を完了していた。今、起死回生ともいうべき大作戦の時期が迫っていた。

決行・杭州湾上陸

「我々の部隊の上陸するのは杭州湾北砂というところだ。部隊主力は金山衛に向って上陸をする。その右翼援護隊として、未明を期して、我々の荒川部隊は最右翼に敵前上陸をする。我々は上陸地点附近の地図と、空中から撮影した現地写真とを見せられた。その写真には赤インクで、敵陣地と、機関銃座らしきもの、トーチカらしきもの、などが示されてあった。敵の散兵壕らしいものが幾匹もの蚯蚓が這ったように見受けられた。それらの敵陣地には果して敵が居るものやら居ないものやら、居ればどれ位の兵力なのやら何も判らない。或は敵なんぞは居なくて馬鹿みたいに上陸が出来るかも知れない、という話もある。舟艇が海岸線についたら、二米ばかり土提があってそれを攀じ登るのだ、と云う。ともかく、結局は行って見ねば判らない、というのだ」

久留米第十八師団歩兵第百十四連隊第七中隊の玉井勝則伍長は杭州湾上陸作戦に分隊長として従軍した。後に火野葦平の筆名で、この上陸戦の実相を実戦部隊の眼で小説にした。ここに掲げた『土と兵隊』である。

杭州湾に一軍を上陸させるという方針は、前述の通り下村が上海方面に作戦の重点を移した時に決まっていた。上海派遣軍が北から攻めるのに呼応して、南からも上海に攻めのぼる着想と言えよう。これによって完全に上海周辺から敵兵を駆逐するわけである。地図を見れば、上陸地点の杭州湾は上海を南から圧していくのに最適な地点である。

そもそも下村は何によって上陸作戦を決意したのか。それはおそらく五年前の教訓であろう。昭和七年二月の第一次上海事変。戦闘発生から一ヶ月近く、日本軍は〃爆弾三勇士〃の奮戦にもかかわらず中国軍を撃破できないでいた。速戦速決を目指す参謀本部が打った手は、敵背後への奇襲上陸であった。上陸地は七了口という揚子江沿いの海岸で、ここに第十一師団を未明に上陸させる作戦であった。

作戦は三月一日未明に決行され、これにより日本軍は目的を達成したとして戦闘行動を中止した。当時は満洲事変が続いており、国際連盟での日本の立場を悪化させないため早期の停戦が必要であった。作戦の立案者は、作戦課長小畑敏四郎大佐、作戦主任鈴木率道中佐であった。小畑―鈴木の作戦家コンビによる名作戦とされている。下村は戦史担当の第四部長であったから七了口上陸の経緯は熟知していたはずだ。この成功例が大きな戦訓となったと思われる。

杭州湾上陸作戦（毎日新聞社提供）

杭州湾上陸作戦自体は昭和十二年度の対支作戦計画に盛り込まれていたものである。それは二個師団を杭州湾に上陸させて太湖南側から進め、上海、杭州、南京を含む三角地帯を占領確保するという構想であった。計画にはあったにしろ、いざ実行となると改めて検討を要するのは当然のことだ。

前線で大場鎮攻略が始まろうという十月十六日、下村は第二課（戦争指導課）、第三課（作戦課）を中心として上陸検討を行った。開口一番、下村は宣言した。「上陸は決行する」と。続いてこの作戦に対する自身の意図も披瀝した。居留民保護という消極的方針から脱却すること、敵の主力を叩き戦局終結へ持っていくことである。第三課の西村敏雄少佐からは、杭州湾には無線通信所があるが大兵力の存在は認められないとの報告があった。

下村は奇襲上陸を成功させるために偽装工作の必要を認め、議論の結果、青島上陸に見せかける方法が決められた。青島は上海と並び日本紡績業の一大進出拠点であり、ここに上陸する案も作戦課では強かったからである。

杭州湾上陸作戦は下村の強い意志で決行されることになった。

十月二十日、臨参命第百十九号が発令された。臨参命とは参謀本部の命令である。

一、上海方面ニ第十軍並所要ノ兵力ヲ増派ス

一、第十軍司令官ハ海軍ト協力シテ杭州湾北岸ニ上陸シ上海派遣軍司令官ノ任務達成ヲ容易ナラシムヘシ

一、上海派遣軍司令官ハ現任務ヲ続行スルト共ニ第十軍ノ上陸ヲ援助スヘシ

第十軍司令官は柳川平助中将、上陸主力部隊は久留米第十八師団、熊本第六師団、宇都宮第百十四師団であった。また京都第十六師団を日を置いて揚子江沿岸の白茆口に上陸させることも決められた。この内、第六師団と第十六師団は北支那からの転用である。杭州湾には三個師団一挙上陸という大規模なものであった。しかも狙いは奇襲である。

〝奇襲とは、敵に近く優勢なる兵力を以て、好機に乗じて不意に敵を粉砕することに他ならない〟

下村は、若き日にフランス陸大で学んだフォッシュ『戦争の原則』の一節を反芻していたに違いない。下村は全ての準備を整えたうえで上陸日を十一月五日と決定した。

再び『土と兵隊』を繙く。

「私の分隊は第一線の最左翼だ。私は兵隊に、出来るだけ広く間隔を取れ、と呶鳴った。弾丸はしきりに来るけれども敵兵の姿は全く見えない。私達は各個躍進を続けた。泥土の上に伏せながら、私は何度も両方を振りかえり、右手に銃を掴み、左手を挙げて、みんな居るか、と叫んだ。私達よりずっと先にどんどん進んで行く一隊があった。機関銃隊だった。私達の右手を進んでいた第一分隊の誰かが倒れた。呻く声が聞えた。二三人兵隊が駈け寄った。後方から矢野看護兵が飛んで来た。向うでも誰か倒れた。無論我々は顧みているどころではない、耳の傍を弾丸が呻って過ぎる。泥砂の中にぶつぶつと穴をあけてつきささる。我々は遮二無二突進した。抜刀した小隊長が走ってゆく。やっと堤防に辿りついた。我々は堤防の敵兵と白兵戦をやるつもりであったが、堤防には敵は居なかった。私は息切れがするので土堤の上に腹這いにへたばってしまった」

作戦開始は十一月五日午前五時過ぎであった。遠浅の杭州湾を上陸用舟艇が埋め尽くした。濃霧が立ちこめ、時折豪雨が襲う中、将兵は泥砂に足を取られながらも陸地に達した。時に午前八時半頃である。随所で衝突はあったが日本軍を挫折させるほどではなかった。

下村は参謀本部に寝泊まりすることはあったが、大抵は遅くなっても自宅に帰った。家は江戸川向うの市川である。娘の節子は語る。

「疲れた毎日だったと思います。母や私に向って、今大きなことをやっているんだよ、お前たちも成功を祈っておくれ、と申すのです。それではと二人で市川の八幡様へ御参りしました」

家族の後押しも幸いして上陸は成功した。

中国軍は日本軍の杭州湾上陸を耳にしたとき、最初は本気にしなかったようである。つまり相手の方がこれを偽装と見て、却って上海の配備を一層固くした。日本軍三個師団上陸が本格的なものと気付き、慌てて兵を向かわせたが遅かった。上海方面では日本軍は市内蘇州河の南岸に達しようとしており、中国軍は南北から挟み撃ちにされる形となりつつあった。大兵力で上海を囲んでいた中国軍であったが急速に退き始めた。

七日、上海派遣軍と第十軍を合わせて中支那方面軍が編成された。司令官は松井石根大将で、参謀本部の主要人物が幕僚として送られた。参謀長には第三部長の塚田攻少将、参謀副長は作戦課長の武藤章大佐であった。後任の作戦課長は第二課長の河辺大佐が兼任することになった。方面軍に対しては同日新たな命令が発せられた。臨参命第百三十八号である。

「中支那方面軍司令官ノ任務ハ　海軍ト協力シテ敵ノ戦争意志ヲ挫折セシメ戦局終結ノ動機ヲ獲得スル目的ヲ以テ　上海付近ノ敵ヲ掃滅スルニ在り」

この文言に見るように、上海方面軍は当初の居留民保護という任務を大きく超え、戦争意志の挫折に変わっていた。支那事変はもはや戦争であった。方面軍は崑山付近で敵を捕捉殲滅する計画であった。崑山とは上海から北西に隔てることおよそ五十キロ、首都南京と上海を結ぶ鉄道上の町である。今中国軍は続々として上海を離れつつある。方面軍はこの崑山を目指して追撃戦を開始した。第十軍は各所で勇戦したが、力余ってか早くも蛮行が発生していた。それは柳川司令官の十一月十七日の訓示に表れている。

「窃ニ聞ク所ニ拠レハ最モ忌ムヘキ婦女暴行　金品強奪ノ犯行ニ、三ニ止マラスト謂フ　斯テハ集団ノ戦蹟ヲ汚辱シ皇軍ノ威武ヲ潰スモノニシテ痛嘆ニ堪ヘス　隷下将兵克ク自省自戒シ軍紀厳正益々士気ヲ振起シ各々其任務ニ邁進スヘシ」

下村は作戦成功の裏には参謀本部の先輩である畑俊六の後押しがあったとして、後に次のように回想している。

「当時教育総監だった畑将軍が一日私の室に来られ事情を聞いて励声一番、君は第一部長の生え抜きだ、部の面目にかけても断乎やり通せと激励された。

後日聞いたところによると、将軍はこのあとで自らかって部下の作戦班長であった塚田第三部長（船舶輸送関係）および第一部内の僚友だった梅津陸軍次官などを歴訪して、本作戦計画に協力するよう強調し、その他の陸海軍首脳部にも助言をされた由である。かくして準備はととのい、この作戦で敵の虚をつくことができたので敵の大軍は総崩れとなって敗退した」（「畑将軍と杭州湾上陸作戦」）

やがて中国兵を追いかける兵隊たちの間には、次第に次のような話が広まっていった。

「嘉興が我々の最終的決戦で、嘉興が落ちたら国民政府は降参するのだ」

果たして嘉興とはどこなのか。

蘇州—嘉興ライン（制令線）が追撃の限界点に

参謀本部は俄《にわか》に色めき立っていた。大場鎮陥落に続き大兵団の奇襲上陸が成功したのだ。第一部長の部屋は紅潮した人の出入りが絶えない。作戦課長の河辺虎四郎大佐がやって来た。

「おめでとうございます。見事なご決断でした。八月以来手こずりましたが、敵の勢いもこれまでですな」

下村は笑みを浮かべながらも言った。

「河辺君、仕事はまだ残っているよ。兵は騎虎の勢いにあるが、突っ走れば息切れする。息切れする前に止めなければならない」

参謀本部では十一月一日に編制改正があり、第二課が元の作戦課に戻っていた。

上陸二日後の十一月七日、一つの重要な指示が参謀本部から方面軍に対して出された。臨命第六百号である。臨命とは指示事項を示したものだ。

「中支那方面軍ノ作戦地域ハ概ネ蘇州、嘉興ヲ連ヌル線以東トス」

前述のように、これを作戦制令線、又は作戦制限線という。同じものは北支那方面軍に対しても出されていた。それは九月の臨命第五百四十二号であり、同軍の作戦地域は概ね石家荘、徳州以北としたものだ。

北支那方面軍は、十一月末この線を超えて黄河を渡ろうとしたが、下村は厳として止めさせている。制令線を設ける意味は現地軍に対して作戦地域の限界を示すことにある。それによって現場の暴走をあらかじめ抑える狙いがあるわけだ。

奇襲上陸に成功した第十軍は速やかに上海南方の松江を目指した。中国軍は上海から撤退しつつあり日本軍は追撃戦に入った。蘇州、嘉興とは太湖に近く昆山を遠く離れているが、ここまで追撃すれば敵に大打撃を与え、戦局終結という目的を達せられると判断したのであろう。兵隊たちの間に、嘉興が落ちたら戦争は終わりという話が出たのはこのためだった。問題はこれが守られるかどうかである。

北の蘇州、南の嘉興を限界点とした理由は何か。恐らく北の上海派遣軍と南の第十軍の追撃のスピードを勘案し、この両地点が追撃の限界点とみたのだと思われる。

この制令線は杭州湾上陸の五日、第一部で確定し翌日第一部長の下村が参謀次長に説明していた。制令線の起案者は作戦課の井本熊男大尉と推察される。それは説明の際、下村が井本を伴っていたからである。次長は多田駿中将であった。普段は冷静なこの男が興奮気味であった「すでに敵は上海の非武装地帯から駆逐されました。方面軍は九個師団の兵力で

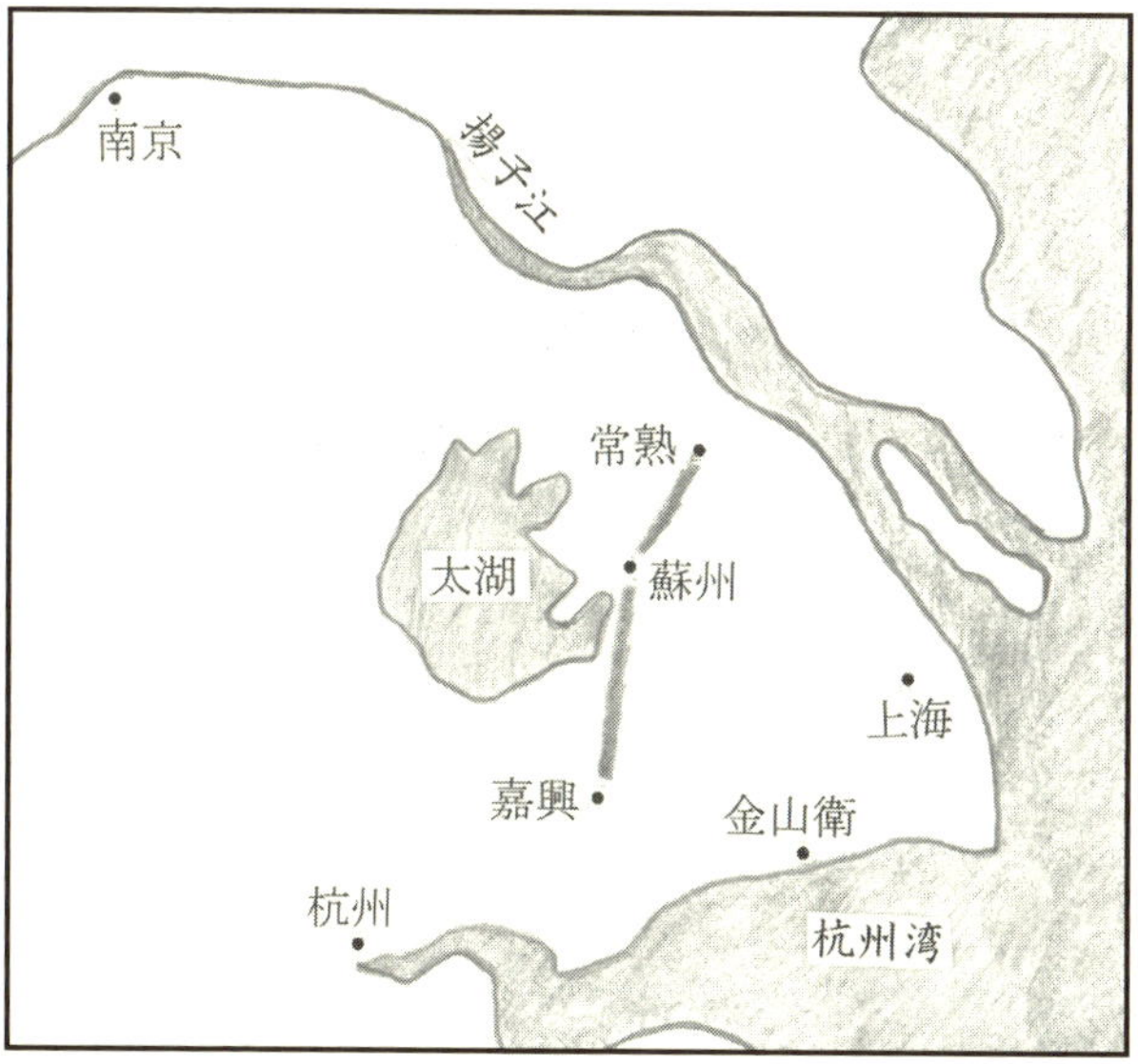

制令線の設定

追撃に移ります。昆山付近で敵に打撃を与えた後は、更に蘇州と嘉興を結ぶ線まで進出する考えであります。ここを制令線といたします。それから先は…」

　地図に見入って聞いていた多田は下村を押しとどめた。

「待ちたまえ。嘉興、蘇州とは上海から百キロも離れているじゃあないか。方面軍の任務は上海付近の敵を掃滅することだ。今敵は続々と退きつつある。こんなところまで追いかけるのは徒らにわが軍を疲労させるだけだよ」

　下村は述べる。

「まさに次長のおっしゃる掃滅によって敵の戦争意志を挫かねばなりません。作戦部としましては追撃を重視して、この地点まで叩けば目的を達せられると確信しております」

　多田は同意しなかった。

「そもそも上海に陸兵を出したのは我が居留民保護のためだった。我が陸海軍の力によって敵は退いた。それから一歩を進めて上海周辺の敵を叩くということになった。その地点が崑山である。敵の戦争意志を挫折させる目的も加わった。これから崑山に進もうという時に蘇州だ、嘉興だというのは夢を追っているようなものだ」

　二人の応酬は続いた。

「肝心なことは追撃であります。勝利を確実にするものは追撃如何にかかっております。プロイセンを打ち負かしたナポレオンのベルリン追撃の如く、ここは最大限の広い正面を採ることが肝要と考えます」

「追撃は大いにせねばならん。しかしこの線は出過ぎだ。第一、作戦を始めようとするときに、最初から限界点を示すことに僕は反対なんだ。何故なら、現場は勝に驕って限界点を突破してしまうもんなんだよ。すでに作戦目標は崑山と決定しているじゃあないか。そのまま作戦の推移を注視しておればよい。制令線のことはもう一度考え直してくれ」

七日、再び下村は次長室を訪ねた。

「一日部内で熟議いたしましたが、結論は変わりません。この辺りまで出ないと、再び敵は押し寄せると思われます。次長の御同意がいただけないならば私が戦場まで出張して視て参ります。そのうえで制令線を具申いたします」

多田の表情が和らいだ。

「結論は変わらんか。同意の他はないいな。下村君もこの一月余りはろくに寝ておらんだろう。君が前線に行くことはないよ」

こうして七日の指示となったのである。多田が一日や二日で考えを変えたのは奇妙であるが、第一部の固い決心に妥協したのか、或は下村の体を気付かったのだろう。彼には喘息の持病があった。

多田駿という軍人は数多い陸軍支那通のなかでも穏健派の一人といってよかろう。多田を有名にしたのが、天津軍司令官（北支那派遣軍の前身）当時に出した多田声明である。これについては前著『戦前政治家の暴走』で詳しく触れたが、悪役にされてしまった人であった。再度簡単に述べるならば、多田自身が持っていた日中友好原則が、関東軍や部下の軍人たちによって似ても似つかぬ内容で南京政府に伝えられたのである。

その内容とは北支五省の中立化であった。満洲国に続き、隣接する北支の河北、チャハル、綏遠、山西、山東五省を軍の意のままにするものである。これが多田声明として発表され、中国の猛反発を招いたのである。思えば不思議な話である。司令官があずかり知らぬところで重大なことが進んでしまったわけだ。謀略とはこのようなものかもしれない。

さて中支那派遣軍の猛追撃が始まった。十一月十三日、京都第十六師団が揚子江沿いの白茆江に上陸し追撃戦に加わった。十五日、第一部では情勢判断会議を行った。これには下村はどういうわけか欠席している。検討結果は作戦課の有末次中佐が下村に報告した。この有末中佐とは、終戦時の参謀本部第二部長を務めた有末精三中将の実弟である。当人も参謀本部、大本営で要職を占めたが、不幸にも南方で戦死した。

「河辺課長のもと情勢を検討しましたが、追撃はまだ続いておりますし、蘇州と嘉興の線は維持するとの結論でした」

下村は頷きながらもこう述べた。

「戦況報告を見ると敵の抵抗は次第に弱まっているようだ。それだけわが軍の杭州湾上陸が敵に与えた効果は大きい。自分の考えだが、制令線をもう一歩押し出してはどうかね」

意外な言葉に有末は問いかけた。

「どこまで伸ばすお考えでしょうか。ひょっとして部長は南京を目標にされているお積りですか」

「いや南京までは僕も考えていないよ。敵の退却は予想以上に急だし、今の制令線で止まってしまっては追撃の効果が不充分になることを心配するのだ」

南京とは言わずと知れた中華民国の首都である。下村は否定したが、実は南京攻略の決心を抱き始めていたふしがある。それは河辺や作戦課の井本熊男大尉らが異口同音に下村の積極性を認めているからである。

十六日、河辺作戦課長が戦況聴取のため上海に向かった。下村の意を受けて、制令線を維持するか押し出すかについて現地の声を聴くためであった。下村は出発した河辺に宛てて電報を打っている。それは、現地情報等から観ると、制令線を撤去しないと追撃は手遅れになる恐れがあるということを念押ししたものであった。どうもこの頃になって下村は制令線撤去の意志を固めていたようである。

河辺が先ず訪ねたのは上海の中支那方面軍司令部であった。司令官の松井石根は熱っぽく語った。南京攻略は是非とも必要、但し今すぐという必要はないと。次の対面者は塚田攻参謀長、武藤章参謀副長である。つい昨日まで参謀本部で机を並べていた同士だ。武藤らが口にしたのは、上海派遣軍は八月以来の戦闘で非常に疲れているということであった。何よりも態勢を整理する必要があるという。要するに休養である。河辺は第十軍はともかく上海派遣軍の方は急迫は難しいと感じた。

同じ市内にある上海派遣軍司令部にも足を伸ばした。待っていた飯沼守参謀長は開口一番、河辺に詰め寄った。瓦斯の使用を許可してくれと要求したのだ。河辺がどう答えたかは不明だが、飯沼の叫びは通常の兵器だけでは効果的ではないことを訴えたものだろう。同席した西原参謀は、上陸以来の戦闘は陣地戦の連続であり速度が要求される追撃は無理だという。つまり武藤と意見は一致していた。河辺は十八日、下村宛てに電報を打った。

「小官ノ意見トシテハ、中央ニ於テハ今直チニ命令又ハ指示ヲ与フルノ処置ヲ執ラルルノ要ナク、主旨ニ於テ方面軍ノ意図ヲ中央ニ於テ認メ暫ク状況ノ推移ヲ観ルヲ可ナリト認ム」

　これはよくよく吟味すべき電報である。新たな命令や指示を出さなくてよいのだから、蘇州―嘉興の制令線を変える必要はない。問題は〝方面軍ノ意図ヲ中央ニ於テ認メ〟の部分だ。一体、方面軍の意図とは何か。現地軍の口から出たのは整理休養することだった。確かに意図には違いない。だが本当にそれだけなのか。河辺の出張より先、十一月の初め海軍軍令部の福留繁大佐が方面軍司令部を訪ねた。着任早々だった武藤大佐は福留に対しこう述べたという。

「中支那方面軍は今の所中央の意を体し、依然として常熟、蘇州、嘉興の占拠をもって、当面の作戦の一段落とし、南京進撃の態勢を整えて爾後の計を樹てるとの方針を持っている」(『軍務局長武藤章回想録』)

　当面は休むが、意図は南京進撃であるということだ。何しろ松井司令官は南京まで進むと断言しているのだ。方面軍の意図とは、この南京進撃も選択肢だということを伝えたのではなかったか。河辺は〝意、言外に在るを尊ぶ〟式に打電したとも思えるのである。事態は敵国首都への進撃という重大な段階に入った。

　ここで政府の動きに眼を向けてみる。

近衛内閣の「支那事変対処要綱」には、和平交渉、即ち講和のタイミングを中国軍が上海停戦協定地域外に去った時、としていた。今まさにその段階に到達したわけである。では政府は何らかの手を打ったのか。然り、動きは外務省で着手されていた。外務大臣の広田弘毅は十月二十七日東京駐在の各国大使に対し、日中間の橋渡し役になってくれるよう依頼していたのである。

広田より先に石原莞爾がドイツ大使館のオットー武官と連絡をとっていた。和平工作は、いわば石原の置き土産のような形でドイツの仲介で前進した。十一月二日、広田はドイツ大使のディルクセンを訪ね、日本として初めて和平条項を提示した。提案は直ちに中華ドイツ大使のトラウトマンに伝えられた。この時から大使の名を採って、両国絶好の交渉とされたトラウトマン工作が始まったのである。

日本側の条件の重点は、上海を含めて改めて非武装地帯を設定するものであった。トラウトマン大使は機敏に動き蔣介石と会談して感触を探った。蔣は、先ず日本軍の撤退が先であるとの態度を崩さなかった。この直後、日本軍の杭州湾上陸が行われ、交渉は一時棚上げ状態となっていたのである。戦況の一段落を待っていたともいえる。どのタイミングで相手に接触するかは非常に難しい問題で、外務省と参謀本部の協議が不可欠である。だが両者の緊密な連絡があったとは言い難い。

上海派遣軍は十四日に崑山東方で激戦を交え、敵を追いかけて十九日蘇州に着いた。一方、第十軍の第十八師団、第百十四師団も十九日嘉興に入った。崑山で敵を殲滅するという効果は上げられなかったが、参謀本部の指示通り、日本軍は蘇州と嘉興の制令線に布陣したわけである。より詳しく言うならば、北から常熟、蘇州、嘉興を結ぶ線となる。十一月二十日、大本営が設置された。

大本営とは戦時に設けられる最高統帥機関であり、政戦両略の一致を図るものである。政戦両略といっても文官の出席は認められず、大本営会報というものが回されて意見交換が行われた。下村は当然大本営陸軍部の一員である。そこへ第十軍から電報がもたらされた。下村は忙しなく眼を通す。

「一、集団（第十軍）ハ本日正午頃嘉興ヲ占領シタ刻略〆掃討ヲ完了ス」

会心の笑みがこぼれた。だが次の一文に下村の眼は釘付けとなった。

「二、集団ハ十九日朝全力ヲ以テ南京ニ向ツテスル追撃ヲ命令シ概ネ左ノ如ク部署セリ」

〝南京追撃だと、そんな命令は出していない〟

明らかに現地軍の独断であった。中央の予想以上に戦局は動き出そうとしていた。果たして作戦の総責任者はどう対処しようというのか。

制令線の撤廃

第十軍の南京追撃命令は参謀本部に衝撃を与えた。それは現場が独走を始めたという驚きと、何かこのまま進んで行くのではないかという不安が錯綜したものであった。驚きは独走を抑えねばならぬという決意になり、不安はややもすると期待が入り混じったものであった。強い決意を表したのは多田参謀次長である。多田は下村を呼びつけて絶対に前進すべからずと厳命した。第十軍はすでに隷下部隊に対して次の命令を発していた。十八日のことである。

「集団ハ機ヲ失セス一挙南京ニ敵ヲ追撃セントス」

嘉興に入った第十軍は、同地の敵は全く活動しておらず、一瀉千里南京を目指すとしたのである。十九日になると「敵ヲ急迫セントス」とボルテージが上る。こうした出先の気負いに対し、多田参謀次長名で返電が打たれた。二十日の午後六時四十五分であった。

「右ハ臨命第六〇〇号（作戦地区ノ件）指示ノ範囲ヲ脱逸スルモノト認メラルヽニ付為念」

これは甚だやんわりとした内容である。確かに制令線を超えるなと伝えてはいるが、〝為念〟とあるように、注意を促す程度だ。現地軍の顔色を伺っている風にもとれる。多田は制令線を超えることは絶対に不可と言ったのである。なぜもっとはっきりとした命令を出さなかったのか不可解と言わざるを得ない。

実は第十軍（暗号名で丁集団と呼んでいた）が南京に向かうことを決めたのは十五日の幕僚会議であった。その理由を躍動する戦機としている。そして「第六感的ニ南京ハ追撃ニヨリ容易ニ奪取シ得ヘキトノ信念ナリ」と自信の程をのぞかせている。

十五日というのは嘉興の占領前であり、首都南京は嘉興から北西を隔てること二百キロに位置する。おそらく順調な作戦の流れがあったのだろうが、〝第六感〟を持ち出すに至っては信念というより信仰であろう。

第十軍は、ともに進む上海派遣軍がたとえ追撃困難という状況になっても、独断追撃を敢行すると決定した。それほどの自信があるならば、先ず制令線の変更を中央に意見具申すべきであろう。一挙に南京追撃まで決めたのは独断というよりも専断だ。

先に述べたように、十六日に河辺作戦課長が上海に向かった際、下村は電報を打った。制令線を押し出してはどうかという下村の意見である。第十軍の秘かな決定と下村電報は、制令線の撤廃ということでは期せずして一致しているのだ。

南京政府は日本軍の意図を見抜いたかのように十六日、首都南京の移転を決めた。政府機能を漢口と長沙と重慶に移転すると決定した。このニュースも柳川第十軍を勢いづかせたのであろう。二十日、司令官訓令として「南京城頭高ク日章旗ヲ掲クル日今ヤ近キニ在リ」ともはや戦勝気分であった。多田次長の電報は第十軍の浮かれ気分に注意を与えたに過ぎなかった。

丁集団軍こと第十軍の直接の上級司令部は参謀本部ではない。この上には中支那方面軍がある。当然、独断追撃の方針は方面軍司令部にも伝えられたはずである。上級司令部はどうしたか。松井大将はすぐには認めなかった。参謀本部からの電報を慮ったのか、ひとまず部隊の前進を許可しただけであった。即ち二個師団を湖州付近に、一個師団を依然嘉興付近に集結させて命令を待てという。二十一日、次の電報が参謀本部に届いた

「丁集団ニ対シテハ方面軍トシテ直チニ実行ヲ差止メタリ」

これは南京追撃については止めさせたという意味である。制令線を守らせるということではない。この中支那方面軍の指示も問題と言わざるを得ない。二個師団を集結させるという湖州

とは、嘉興を西に隔てること六十キロである。中支那方面軍も制令線を無視していたことになる。松井大将の胸の内は、急がず慌てず南京を攻略することにあったとみられる。果せるかな、翌日二十二日になって南京をめぐる事態は急展開することになる。

二十日という日は下村は八面六臂の活躍であった。現地軍との対応に追われるなか一つの重大事をこなした。大本営設置である。実に日露戦争以来のことであった。

大本営は十月の大場鎮陥落を契機に論議されていた。設置には賛否両論があり容易には決しなかった。長期戦を予想しての決定であったが、その役割とは、簡単に言えば陸海軍の作戦を統一的に指導することである。合わせて政府側と緊密な連絡協議を行い、政略と戦略を一体化させて戦争指導を的確に推進するものであった。政略は政府つまり近衛内閣の任務であり、戦略は参謀総長閑院宮載仁親王と軍令部長伏見宮博恭王をトップとする大本営が担う。下村は陸軍作戦の実質的責任者である。

注目すべきは、大本営設置と共に陸軍省の一部で秘かに政治改革案が練られていたことである。「大本営に関する綴」という書類が残されている。その中に、「大本営設置ニ伴フ政治工作ニ関スル意見」という文書がある。

〃政治工作〃とは、内閣閣員を半減してしまうという破天荒な内容であった。総理以下、各大臣は六名ないしは七名とする。具体的には陸海軍を合わせて国防大臣、拓務を兼ねる外務大臣、大蔵商工農林を持つ経済大臣、逓信鉄道の交通大臣、それに司法文部を合わせて内務大臣、これに企画院総裁が加わる。陸海軍統一が最大の眼目といえよう。

さすがに異論が出たようで、陸、海、大蔵の名称は残し、それに総理、内務、逓信、企画院とする案も出された。起案は陸軍省軍務課である。軍務課とは二・二六後に新設された内政、外交政策を研究立案する部署である。課長は親中派の柴山兼四郎、その下に佐藤賢了がいた。この行政改革は陽の目を見なかったが、日中戦争の解決を機に、何かしら一大改革を有力幕僚が策していたことになる。

第一部長の下村が監督する作戦課には二つの仕事があった。作戦班と戦争指導班である。前者は第三課、後者は第二課であったが、第三課長であった武藤章が上海に転出すると、両者を合わせて元の二課となった。作戦班は積極的であり、戦争指導班は自制的であった。そして自制派の河辺虎四郎が課長なのである。何といっても次長の多田駿が早期和平論者であるので、参謀本部の態度としては積極的に前に出る考えではなかったといえよう。一旦第十軍の南京攻撃を阻止した中支那方面軍司令部であったが、翌二十二日になると正反対の電報を寄越して来た。

「中支那方面軍ハ事変解決ヲ速カナラシムル為現在ノ敵ノ頽勢ニ乗シ南京ヲ攻略スルヲ要ス

理由

此ノ際蘇州、嘉興ノ線ニ軍ヲ留ムル時ハ戦機ヲ逸スルノミナラズ、敵ヲシテ其ノ志気ヲ回復セシメ戦力ノ再整備ヲ促ス結果トナリ　戦争意志ヲ徹底的ニ挫折セシムルコト困難トナル懼アリ」

一日にして方針が変わったことになるが、これは単に一日遅らせて改めて上級司令部の本音を送って寄越したのであろう。理由も第十軍と変わりなく、方面軍の意志も南京攻略だったのである。下村の考えは次第に現地軍の要請に傾きつつあった。だが次長の多田は頑として兵を停止させる意向であった。何度となく下村との論議が続いた。

「下村君、ここは帝国の運命を決めるともいうべき秋だよ。一体作戦部として方面軍をどう統率するね」

「次長のお考えは充分承知しておりますが、現地軍の動きからして新たな制令線を引いてはどうかと考えております」

「また制令線か。どこまで認める気かね」

「やはり太湖まで出て、北は無錫、南は湖州でしょうか」

「明後日は初の大本営御前会議がある。陛下に対するご説明は君がやってもらう。いいかね、世上はすでに南京がどうのこうのという話になっている。くれぐれも慎重な内容で奏上してくれ」

両者の間で綿密な打ち合わせが行われたことは想像に難くない。

十一月二十四日午後一時三十分、宮中で支那事変初の大本営会議が陛下臨席のもとに開かれた。出席者は陸海両大臣、陸海の統帥部長に次長、作戦担当の参謀本部第一部長、軍令部第一部長の八名であった。下村は自身の発言について回想録で明らかにしている。説明は北方戦線から始まった。

「北支那方面に於きましては、山東地方等を除くの他大規模の攻勢作戦は先に一段落とせられ、徒に敵の為奥地に引入れられて無益に戦線を拡大することなく止まり敵を撃つ態勢を保持します」

続いて問題の上海方面である。

「中支方面軍は、上海周辺に於ける戦勝の成果を利用致しまして機を失せず果敢なる追撃を実施しつつありますが、元来此軍は上海付近の敵を掃滅するを任務とし且同地を南京方面より孤立せしむることを主眼として編組せられて居ります関係上、其推進力には相当の制限がございますのみならず、目下其最前線部隊は其輜重は固より砲兵の如き戦列部隊すらも尚遠く後方に在る者少く御座いません」

それは下村一代の晴れ舞台であった。列席者の誰もが彼の一言一句に耳を傾けていた。そして力強く言い放った。

「随て一挙直ちに南京に到達し得べしとは考えておりませぬ」

それでよい、と多田の顔は安堵している風であった。南京攻略の可否を曖昧にしたからである。だが下村は言葉をつないだ。

「此の場合方面軍は、其の航空部隊を以て海軍航空兵力と協力して南京その他の要地を爆撃し、且絶えず進撃の気勢を示して敵の戦意を消滅せしむることと存じます。統帥部といたしましては、今後の状況如何により該方面軍をして新なる準備態勢を整え、南京其の他を攻撃せしむることを考慮しております」

重要な一言であった。これは事実上の南京追撃方針を表明したものだからである。下村の独断で付け加えたものであった。多田との打合せにはなかったものであり、会議後次長から厳しい叱責を受けたと回想している。

大本営会議が始まった直後の午後一時五十六分、一つの重要な指示が中支那方面軍の松井司令官宛に出された。大陸指第五号である。大陸指とは参謀総長から出されるものだ。

「臨参命第百三十八号ニ基キ左ノ如ク指示ス　臨命第六百号ヲ以テ指示セル中支那方面軍作戦地域ハ之ヲ廃ス」

制令線の撤廃であった。当然大本営会議の前に決まっていたのであろうが、どういう議論があったのか不明である。想像するに、第十軍の一部部隊はすでに嘉興を超えて湖州に入っており追認する他なかったのではあるまいか。それは、

「臨参命第一三八号ノ範囲内ニ於テ既ニ実施セシトコロナルヲ以テ、此事実ニ応シ引続キ実施スルコトアルヘキ追撃的作戦ハ之ヲ認メ得ヘキモノナリ」

という理由を説明した文章に表われている。撤廃の根拠となった臨参命第百三十八号とは繰り返すが次のようなものだった。

「中支那方面軍司令官ノ任務ハ、海軍ト協力シテ敵ノ

大本営会議　右端が下村

戦争意志ヲ挫折セシメ、戦局終結ノ動機ヲ獲得スル目的ヲ以テ上海附近ノ敵ヲ掃滅スルニ在リ」

つまり、上海附近の敵を掃滅するため蘇州―嘉興線は撤廃した、そして現に行われている追撃は認める、というものだ。この論法でいくと、中国軍が戦争意志を放棄しない限り進撃はどこまでも続くことになる。百三十八号は〝上海附近の敵〟を対象にしていたはずなのだ。それが現実には蘇州や嘉興、湖州と拡大の一歩をたどりつつあるのだ。だから多田は制令線の厳守を主張したのだ。

下村は後に回想して、作戦の多くは「現地の企図、出先の意見に引き摺られたのみならず、其の行動を後で承認することもあったのであります」と述べている。また「第一部の考えでは其の中に支那がポキッと折れるだろうと考えて居りました」とも話している。だが第一部長自身が制令線撤廃には積極的だったのである。

蘇州―嘉興ラインが崩れたことは陸軍中央で南京作戦が現実になったことを意味した。自重派であった河辺課長が南京攻撃を言い出した。下村はもう行かざるを得ないと判断していた。それは南京占領で戦争を終わらせるという決断であった。二十七日に独断で、方面軍に対し南京攻撃は決済を得る段階だと打電している。残るは次長の説得のみというわけである。

だが、こうした奔流のなかで異彩を放った人物が存在した。戦争指導班の面々である。高嶋辰彦中佐は、中国との戦争は持久戦争だとして、国力が充分でない日本が相手を屈服させるのは過望だと主張した。高嶋は御前会議の前日二十三日に日支和平意見を起草しこう述べている。

「支那中央政権カ其統制力ヲ失シ一地方政権ニ堕スル以前、即チ現戦争指導段階（概ネ明年一月末頃迄ト予想ス）ニ於テ解決スルヲ要ス」

首都南京攻撃を止め早急に和平交渉に入れということである。同じく堀場一雄少佐も、兵力を南京前で停止し特使を送れと主張した。これらは当然課長の河辺には上げられたであろう。下村の耳にも入っていたはずである。たとえ入っていたとしても、二人には部下の意見を採り上げて政府を動かすだけの政治力はなかった。

「作戦が専行し先行するの弊極まれりと謂うべし」と堀場は絶叫した。その声は作戦の責任者下村に向けられていた。もしこの時、国民政府の面子を考慮して南京攻撃をせず政府の和平交渉を見守るという策を軍部が採っていたらと思う。蔣介石が南京を離れたのは逃げ出したのではない。徹底抗戦の意志を表明したのである。それを見抜いた人物は政府要部にはいなかった。

十二月一日、大陸命第八号が発せられた。大陸命、即ち新しく設けられた大本営の命令である。

「中支那方面軍司令官ハ海軍ト協同シテ敵国首都南京ヲ攻略スヘシ」

作戦の責任者として下村が心血を注ぎ、戦争は終わると信じた命令であった。かくして矢は弦を離れた。しかしその矢は八年の間空しく彷徨った挙句、何と射手の胸に突き刺さって終わったのである。

南京攻略は誤りであった。制令線を無くしたことが根本原因であった。中国の抗戦意志は変わらない。だとすれば適当な時点で戦闘を止めねばならぬ。首都南京を前にして大局的見地から兵を止めるべきではなかったか。無論それによってトラウトマン工作が成功したという保証はない。しかし自ずから兵の勢いにも常識があろう。武とは戈を止めることなのである。あの時軍部、政府の要路には武の真理を解する者がいなかったのである。

下村は自らの判断をどう評価していたのか。つまり、南京で終わらず中国との長期戦に入ってからも正しいと認識していたのか。これについては明確な自身の発言は見当たらない。四年後の昭和十六年、彼は陸軍中将として陸軍砲工学校校長の地位にあった。その年の七月一日、支那事変四周年を迎え全学生、職員に対し訓示を行った。砲工学校とは砲兵と工兵のための専門学校である。技術系軍人を前に校長の口から出たのは支那事変をどう受け止めているかであった。

「今から全員に向って尋ねる。今日に至って事変をどのように感じているのか」

下村校長は自身の答えを披瀝した。

「今日の戦線そのものは非常に発展拡大し日支提携の下地も出来てはいるけれども、峠は見えた、見通しがついたと果して云えるであろうか」（「舐犢之訓」）

彼はこの訓示を〝時局ニ対スル吾人ノ反省自粛〟のためとしている。想像するに、長期化を招いた自身の判断について内心忸怩たる思いがあったのではなかろうか。

第七十五回帝国議会での斎藤隆夫の演説

昭和十三年一月の近衛内閣による国民政府拒否声明以来、内閣は三度変わり、昭和十五年の初めには海軍大将米内光政が首班となった。その米内内閣初の議会である二月二日、衆議院本会議場で一人の代議士が質問に立った。その名を民政党の斎藤隆夫という。斎藤の名声は、すでに二・二六事件後の軍部批判─粛軍演説で知れ渡っていた。その弁舌は美辞麗句を排して具体的であり。常に物事の本質を突くのが特徴であった。この日は進行中の支那事変に的を絞り、船出した新内閣に向って言論の火ぶたを切った。

「支那事変の処理は申すまでもなく非常に重大なる問題であります、今日我国の政治問題として是以上重大なる所の問題はない、のみならず今日の内外政治は何れも支那事変を中心として、此の周囲に動いて居るのである」

斎藤はこのように切りだした。そしてすぐ核心に迫るのである。

「政府は支那事変を処理すると声明して居るが、如何に之を処理せんとするのであるか、国民は聴かんと欲して聴くことが出来ず、此の議会を通じて聴くことが出来得ると期待せない者は恐らく一人もないであろうと思う、支那事変を処理すると言わるるのであるが、其の処理せらるる範囲は如何なるものであるか、其の内容は如何なるものであるか、私が聞かんとする所は茲に在るのであります」

大陸に兵を出してから既に二年半が経っていた。明治以来これだけの長期戦争はない。政府は、この戦いは東亜新秩序建設のための聖戦であると国民に説明し、国内では批判めいた言動を忌避する風潮が漂っていた。斎藤はこうしたムードに反発し、国民の胸にある心情を吐露したものと言える。この代議士は決して軍部を批判しているのではない。将兵の苦労については充分心を砕いているのである。

「今日の現状を以て見まするならば、我軍の占領地域は実に日本全土の二倍以上に跨って居るのであります、而して此等の占領は如何にして為されたものであるか、何れも忠勇義烈なる我が皇軍死闘の結果である、即ち是が為には、十万の将兵は戦場に屍を埋めて居るでありましょう、之に幾倍する数十万の将兵は、悼ましく戦傷に苦しんで居るでありましょう、百万の皇軍は今尚戦場に留まって、有ゆる苦難と戦って居るに相違ない、斯くして得られたる所の此の事実、之を眼中に置かずしては、何人と雖も事変処理を論ずる資格はない」

ここに掲げたのは当時の速記録である。だから正確には違いないが、実は重大な事実が隠されていた。斎藤演説には速記録から削除された部分があったのである。まさにその伏せられた部分によって、この硬骨の代議士は議員を除名されたのだ。斎藤は何を主張したのか。後に、〝支那事変処理に関する演説〟と呼ばれた有名な議会質問は、事変の目途をつけ現実的解決を求めるものであった。近衛内閣以来政府は中国との戦いを、東洋永遠の平和を求める聖戦であると国民に説明してきた。これに対し斎藤は獅子吼した。

「現実に即せざる所の国策は真の国策に非ずして一種の空想であります」

「国家競争は道理の競争ではない、正邪曲直の競争でもない、徹頭徹尾力の競争である」

「吾々が国家競争に向うに当りまして、徹頭徹尾自国本位であらねばならぬ。自国の力を養成し、自国の力を強化する、是より外に国家の向うべき途はないのであります」

事変処理については、一応政府は確固不動の方針を持っていた。斎藤はそれが空回りしているのではないかとして決定的な一言を吐いた。

「此の現実を無視して唯徒に聖戦の美名に隠れて国民的犠牲を閑却し、曰く国際正義、曰く道義外交、曰く共存共栄、曰く世界の平和、斯の如き雲を掴むような文字を列べ立てて、そうして千載一遇の機会を逸し、国家百年の大計を誤るようなことがありましたならば、現在の政治家は死しても其の罪を滅ぼすことは出来ない」（『斎藤隆夫かく戦えり』）

これを聞くと斎藤隆夫は反軍主義者ではない。力の信望者であるのは軍部以上であるかもしれない。それによって目前の事実を見れば、現実に則った政治ではなく空虚なる政治であったのだ。議会の反応はどうであったか。興味深いのは労働者政党である社会大衆党である。貧しい者の味方であるこの党は、斎藤演説を低調な時局認識の表われと断じたのであった。そして、「戦時議会の意義を滅却するものと言はざるを得ない」と評したのである。世は挙げて〃聖戦〃の一声であった。聖戦を批判することはできない雰囲気、否事実として出来なくなっていたのだ。斎藤は聖戦を冒瀆したという理由で議員を除名されてしまったのである。

果してその聖戦の実態はどうであったか。二ヶ月後の四月二十九日、支那派遣軍総司令官の西尾寿造大将は、派遣軍将兵に告ぐとして次のように訓戒した。

「略奪暴行したり、支那人から理由なき餞別饗応を受けたり、洋車に乗って金を払わなかったり、或は討伐に藉口して敵性なき民家を焚き、又は良民を殺傷し財物を掠める様な事があっては、如何に宣伝宣撫するも支那人の信頼を受けるどころか其の恨を買うのみである。従って仮令抜群の武功を樹てゝも聖戦たるの戦果を全うする事はできない」(『現代史資料9　日中戦争2』)

筆者はこれが聖戦の全てだとは思わない。しかし長引く戦争は確実に軍紀を乱しつつあった。ここに長々と斎藤演説を引き出したが、戦争終わって再び斎藤は議場に立つことになる。そして軍部の責任について陸相の下村に問うことになるのである。

第四章　大陸の風の中で

病魔とのもう一つの戦い

軍人の職場とはどこであろうか。それは戦場に他ならない。戦陣に立つことこそ軍人の本分といえる。実に悲壮ながらこれは宿命である。如何とも為し難し。

そういう軍人社会にあって、下村は別の敵と戦わねばならなかった。病魔である。参謀本部第一部長の激職は下村の持病を悪化させ、昭和十二年の暮れには入院せざるを得なかった。病魔とは肺、呼吸器、喘息であった。この病は関東軍勤務時代に罹患したものである。

昭和十年三月、下村は関東軍参謀として満洲国へ渡った。四月十八日南次郎司令官に同道して吉林へ行った時、気管支カタルに罹ったのである。原因は旅館の暖炉が不完全燃焼で一酸化炭素中毒になったのである。激しい喘息が起こり七月中旬まで入院生活を送った。ようやく七月二十日に軍司令部に復帰した。八月の一ヶ月間を満洲各地の防護施設点検に費やした。首都新京から始まって、ハルピン、黒河、牡丹江、奉天、安東、そして八月三十一日にチチハルへ着いた。ここチチハルで喘息が再発した。このため十一月には関東軍勤務を免ぜられたのであった。

十二年暮れからの入院生活は翌年に入ってからも長く、何とか職務に復帰したのは九月になってからであった。少将となり愈々軍の中枢に昇った時不幸が襲ったのである。節子は語る。

「それはもう大変でした。発作が起きると投薬だけでは収まりません。母が注射を打つのです。一時期は付き添いの看護婦を置いたこともあります」

時には健康によかろうということで伊豆の温泉に親子三人で出かけた。

「ところが正反対でした。喘息には逆効果だったんです。たちまち寝込みすぐさま病院に入りました」

新しい職場は東京湾要塞司令部であった。久しぶりの職場復帰である。司令部は横須賀にあった。要塞と聞いて誰しも思い浮かべるのは、日露戦争当時のロシア軍旅順要塞であろう。難攻不落を誇った要塞を乃木軍は四ヶ月にわたって攻め続け陥落させたわけであるが、旅順要塞は陸上からの攻撃に備えるものであった。これに対し、東京湾要塞は海上からの攻撃を阻止する施設である。つまり敵艦船が東京湾に侵入した場合に要塞に備えられた大砲によって迎え撃つわけである。それは防衛用であり日本の重要な海峡、港湾地区に建設された。

終戦時、GHQ司令部に提出された報告によると、日本本土には次の十箇所に要塞があった。東京湾、舞鶴、由良、対馬、下関、長崎、壱岐、豊予、津軽、宗谷である。このうち由良とは淡路島にあって大阪湾一帯を防衛し、豊予とは大分県佐賀関半島にあって瀬戸内海入口の防衛が任務であった。何れも日本の死命を制するチョークポイントと言えよう。

首都東京への海の出入り口は三浦半島と房総半島である。敵艦船が東京に迫る場合、先ず最初に通過する海は浦賀水道となる。そのため、三浦半島先端の城ヶ島、房総半島館山の州ノ崎に砲台が設置されていた。

次に東京湾の出入り口である横須賀の走水、対する富津岬沖合にも大砲があった。富津岬の場合は陸上ではなく、海中に人工の島を築いた海堡と呼ばれるもので第一から第三海堡が海を睨んでいた。各要塞の大砲は要塞砲と呼ばれる巨大口径で、歴史上代表的なものが二十八センチ榴弾砲である。旅順攻撃に活躍した二十八センチ榴弾砲は日本国内の要塞から運ばれたものだったのである。

昭和十三年九月、東京湾要塞司令官となった下村は、逗子に家を借り横須賀に出勤した。要塞司令官は閑職ではあるが、横須賀は首都東京を守る最も重要な防衛拠点である。病は完全に癒えたとは言えず、体を慣らしながらの勤務であった。この頃の日常を、「健康日記」や「更生報国」と題した手帳に記している。昭和十四年の六月二日には、

「晴、久振ニテ晴暖、理髪、体操一（2）、無注、日光浴二十分」

体操とはラジオ体操か。無注とあるのは注射無しということであろう。翌三日は
「晴、引続キ絶好調、日光浴、体操、刀手入、無注」

この年の三月には下村は中将に昇進していた。病の身にしては順当な出世といえよう。朝出勤し昼前には帰宅するというのが普通であった。

「六月十八日、晴、夜汗多ク二回更衣、無注、入浴」
「六月二九日、夜汗多ク一回更衣」
「六月三十日、定刻出勤、十一時マデ在廠、帰宅後葉山散歩、疲労ニ付休以、夜半発汗、更衣、胸閉、咳アリ、アス使用」

葉山、逗子という風光明媚な海岸であったが、やはり少し無理をすると体に堪えたらしい。胸閉とは胸が締めつけられるのであろうか。アスとはアスピリンであろう。

八月二十二日、大変なニュースが飛び込んできた。「独蘇不侵略条約締結ノ旨突如発表」と手帳に記した。〝欧州情勢は複雑怪奇〟の迷言を残して平沼内閣は退陣し、陸軍大将阿部信行が組閣した。体は一進一退であった。

「昭和十五年、五月十日、胸閉去ラサルモ案外平静、食事二回、36。8」
「五月十一日、前日ヨリ更ニ可　36。9　夜発汗大、痙攣アリ、喘息アルモ無注」

東京湾要塞は十二月八日の開戦日に砲門を開いたことがある。水中の観測所から敵潜水艦らしき音を聴取、房総半島の大房崎砲台から水中の目標めがけて射撃した。水中音は消えたので撃沈と大本営に報告されたが、海軍の方では否定した。海軍の方でも観測は怠りなく、当日、敵潜水艦が東京湾に入った形跡は絶対無いという。真相は不明となったが、東京湾要塞の唯一度の実戦であった。

昭和十五年八月、下村は陸軍砲工学校校長となって横須賀を離れた。すでに陸軍中将である。砲工学校（後の科学学校）は、その名の通り砲兵と工兵といういわばエンジニアのための教育機関であった。学校は東京牛込区の河田町に在った。日記はこれより「更生報国」と名を変える。健康になって国に報いたいという思いなのであろう。九月二十三日は誕生日であった。

「第五十二回起辰、昨年を想起シ更生ヲ（一字不明）フ」

五十二歳、起辰とは字義通り解釈すれば辰、つまり竜が起き上がるということだ。誕生日を迎え、自らを竜にたとえ活動を始めねばならぬという決意であろう。そろそろ竜も地中を出るというわけである。この頃、ある人が（日記にも某氏とある）法華経を唱えることを勧めた。これには御当人は苦笑したが、その代わりモグサを利用したと書いている。お灸であろう。暮れの十二月二十二日の記述。

「不惜身命―石谷十蔵　大事の前の小事　大石良雄」

大事はいつ来るのか。

第十三軍司令官として戦場へ

下村日記の昭和十七年十月十四日にはこうある。

「羽田空港発　０８３０　秋晴れや銀翼西へ一文字」

飛行機は福岡の雁ノ巣飛行場へ一旦着陸し、午後一時再び出発し機首は更に西に向かった。

「１６００　大陸飛行場着」と記されている。〝大陸飛行場〟とは、大陸―中国大陸の空港であった。これは海外出張に非ず、下村は中国赴任の第一歩を踏み出したのであった。上海に司令部を置く第十三軍司令官である。担当区域は揚子江の下流である江蘇省、浙江省一帯であった。

前年十二月八日の対米英戦突入で日本の戦域は広大なものとなった。陸軍はこれまで満洲、中国大陸に大軍を置いていたが、必然的に大陸から南方各地にも兵を配置せざるを得なくなった。高級将校も指揮官として赴かねばならない。下村は東京湾要塞司令官の後、陸軍科学学校校長、陸軍大学校校長と教育畑を歩んできた。それは病との戦いを考慮した人事の采配であったのかもしれない。だが大東亜戦争という巨大な渦は、当然なこととしてこの病身な軍人をも巻き込んだ。病癒えてとは言えなかったがこれまた人事の采配で戦場に出ることとなったのである。

中国大陸の日本軍は、南京に支那派遣軍総司令部（畑俊六大将）、北京に北支那派遣軍（岡村寧次大将）、漢口に第十一軍（塚田攻中将）、広東に第二十三軍（酒井隆中将　陸士同期生で戦犯として中国で処刑）で、総兵力およそ七十五万、対する中国軍は二百万とみられていた。

題して「征戦閑話」という。第十三軍司令官当時の日記の題名だ。後にこれをまとめて娘の節子に贈っている。上海地区はちょうど五年前、参謀本部第一部長として骨身を削る思いで作戦を立案した忘れられぬ土地である。今やその地に立った下村の感想はどうであったか。十七日の「征戦閑話」にこう書いた。

「当地方の空気は清澄そのものでコバルト色の空に真白な雲の浮ふあたり、地上の色彩と調和して実に美しい。この平和な天地が最近十年間に二回までも我が海陸の精鋭が悪戦苦闘、貴き幾万人の鮮血を流した修羅場であるとはとても思へない。」

中部の水都とでも言うべきこの大都会は、革命の地でもあった。孫文が大総統に就いた上海、労働運動の中心地上海、そして昭和七年、十二年と二度も日中両軍が激突した上海である。そして下村の赴任直前、第十三軍と第十一軍は四ヶ月余にわたってずぶ濡れの戦闘を行った。浙カン作戦である。

この作戦の戦場は浙江省と江西省にまたがっていた。浙江省の浙と江西省を意味する贛（カン）を取って名付けられた。浙江省は蒋介石の生まれ故郷であり、首都は重慶に移っても絶えず眼の離せない地域であったに違いない。また江西省といえば、毛沢東にとって革命本拠地を作り上げた思い出の土地である。

では、国共両軍がここに大軍を擁して日本軍を攻撃しようとしていたのかといえば、そうで

昭和17年南京にて　前列左から3人目が下村

はない。日本軍の目標は浙カン鉄道沿いに設けられた航空基地であった。これらはアメリカ軍機が利用するものだったのである。

きっかけは軍部を慌てさせた四月の日本初空襲であった。十六機から成るB―25の爆撃編隊は、日本爆撃後東シナ海を横断して中国の基地に着陸した。途中で二機が浙江省と江西省に不時着し、乗務員は捕虜となった。この中国内の基地の存在が大きくクローズアップされたのである。昭和十七年五月、第十三軍（司令官沢田茂中将）は浙江省杭州から西へ、第十一軍（司令官阿南惟幾中将）は江西省南昌から東に向かって進撃を開始した。両軍ともに浙カン鉄道に沿って進み、点在する航空基地を破壊するのが任務であった。この作戦は四ヶ月の長きに亘ったが鉄道沿線の基地を破壊して終了した。その長期化の原因は連日の雨であった。

下村は十月二十三日南京で国民政府主席の汪兆銘と面会した。その時の印象記。

「悠揚迫らず一国の元首たる貫録を十分に示して、柔かき言葉の中に寸鉄人を刺す如き頭脳の鋭さを見せるあたり、又六十歳といふのに壮年の如き若々しさ、何れも初対面の訪客を魅了するに十分である」

支那事変はすでに五年を越していた。長期戦が続くなか、日本は武力だけでは中国を屈服できないとみて政治工作を推し進めた。それが蔣介石の先輩であり国民党の重鎮である汪兆銘の引き出しであった。日本に協力的な汪兆銘一派を重慶から脱出させ、昭和十五年三月に南京を首都とする新政府を誕生させたのであった。これを維新政府と称したが、日本政府からすれば真の国民党政府という解釈であった。重慶に拠る蔣介石は一地方政権に過ぎないというわけである。日本、ことに陸軍はこれによって蔣介石一派の弱体化を狙ったわけである。

しかしこの工作には当時陸軍内でも批判があった。「汪兆銘工作批判」という文書がある。陸軍用紙に書かれた現役軍人による見方である。批判の要点は極めて明瞭なもので、陰でコソコソ工作をしても無駄であり、謀略家による謀略斃れに終わると主張している。

実際、新政府の実績は上がっていなかった。〃維新〃という名を冠していても、中国特有の腐敗はそのままであった。汪兆銘政権内部での派閥争いは収まらず、民心の離反を増大させるだけであった。

新司令官が当面したのは、浙カン作戦の余勢をかって重慶に攻めこむという一大作戦であった。大本営が立案し南京の総司令部に伝えられた。第五号作戦と称されたこの重慶への進撃が煮つまりかけた十七年の末、下村のもとに作戦中止の連絡が届いた。理由は、南方戦線、特にガダルカナルの形勢が悪くなり主力を向けなければならなくなったのである。中国戦線は第二とされたのであった。

一体、日本政府は支那事変をどう解決しようとしていたのか。この年の十二月二十一日、東条内閣は「大東亜戦争完遂ノ為ノ対支処理根本方針」を決定した。方針を一言で言えば、汪兆銘政府を強化することである。それによって蔣介石政府を有名無実化させ合作にもっていく。強化の重点策は特に経済問題に置かれ、これまでとかく日本が資源を独占しがちだったことを改め国民政府の創意工夫を促進させるとしている。

そういう一方で、日本側占領地域内では緊要物資を重点的に開発するとなっており、二律背反的な内容であることが否めない。作戦を担当する軍部としては必要にして十分な物資が欲しいわけだから、国民政府に対しどうしても干渉独占に走りやすいのである。

この方針は政府部内でも実行を危ぶむ声が強かった。杉山参謀総長は二十一日の御前会議で、「今ヤ大東亜戦争ハ長期戦化ヲ予想セラルルニ至リマシタノミナラズ、対重慶徹底的作戦指導ノ目途亦直チニ予想シ得サル」と正直に述べている。当面、事変解決については策なしと言っているようなものである。今や戦局の重点は大陸ではなかった。日本の遥か南方、ソロモン群島のガダルカナルに陸海軍の眼は集中していたのである。

上海市内とて戦場には違いないから司令官の護衛は厳重であった。十一月二日、この日は前線ならぬ旧跡視察に下村は出かけた。

「駅での警戒がものすごい　歩哨と駅員で人波を作り前後には憲兵が拳銃を出して手に提げ、本人は車寄から列車まで右手をあげ通しである　両側に並ぶ人の顔をみるだけである　上海―蘇州は東京―横須賀間程であるが、その線路の両側にそって電流鉄条網が続いている　寒山寺の印象は、来てみれば左程でもなし寒山寺」

だが二重三重に守られているはずの下村の身に魔手が忍び寄った。

下村暗殺未遂事件

「征戦閑話」昭和十七年十二月三日

「第〇〇〇司令官狙撃未遂事件
予て〇〇市内に潜伏して機を窺って居た敵軍側の一テロ団は、十月〇〇日に第〇〇〇司令官下村中将が視察のため同地に来るへき事を探知し、上層部より新たに拳銃三挺と弾薬七十五発との増給を受け、当日は四名の狙撃手を（内三名は将校）同中将の通路に配置したが、警戒厳重の為遂に狙撃の機を失した
我が憲兵隊は同地中国側警察と共に適時に之を偵知し、現場及潜伏所に於て一味采くを逮捕し取調の結果以上の事実を確かめた」
これは司令官に上げられた憲兵報告の一部を日記に書き留めたものだ。いつもの報告書に眼を通していた下村は、そこに自分の名が、しかも暗殺の対象になっていることを発見し、大いに面食らったに違いない。直ちに憲兵司令官を呼び出し事情を質したことだろう。その結果が簡略に日記に記されたわけだ。文中〝中国側警察〟とあるが、これは無論日本と手を結んだ汪兆銘政府下の警察である。繰り返すがこの時、大陸には二つの中国政府があった。重慶の蔣介石（共産軍を含む）と南京の汪兆銘である。双方とも国民党政府を名乗っていた。そして両者は上海を舞台に凄まじい暗闘を繰り広げたのである。下村暗殺未遂もその一環ととらえられよう。
古来より暗殺、毒殺は中国のお家芸である。辛亥革命後の新中国でもその手法は引き継がれていた。国民党は、藍衣社とC・C団という情報機関を持ち、党内反対勢力や日本側の情報収集に当っていた。時に非合法手段を使うことも珍しくない。戴笠、陳果夫、陳立夫といった人

物がこれらを動かしていた。

汪兆銘が重慶を脱出した頃より情報機関にも新たな動きが表れた。それは汪兆銘一派を守るための組織が必要になってきたからである。それは同時に日本側要人を守ることにもつながった。こうして生まれたのが、上海西部の所在地の名を採ったジェッスフィールド76号であった。やはり重慶と袂を別った丁黙邨、李士群という人物が日本憲兵隊と協力して作り上げたものである。かくして藍衣社系と76号系（日本憲兵隊を含む）が上海で暗殺合戦を始めることになった。昭和十四年初めから十五年にかけて、即ち汪兆銘政権誕生に向って激しい裏の戦いが続いたのである。

重慶側テロと思われる一つに南京総領事館での毒殺事件がある。昭和十四年六月十日に起こったもので、日中要人を狙った大がかりなものであった。この日、日本から外務政務次官が南京を訪れたので、総領事館では汪兆銘派の梁鴻志行政院長らを招き歓迎の宴を張った。集うもの二十数名が老酒で乾杯をしたところ、たちまち中毒症状が表れた。老酒が咽喉を通った途端、焼けつくような猛烈な刺激があり、強い異臭が漂ったのである。参会者全員に強い腹痛が起こり倒れ込んだ。

混乱のなか、二人の領事館職員が手当介抱に動き回った。この二人とて件の酒を乾しているにもかかわらずである。宮下玉吉、船山巳之作、二人の外務書記生は宴会準備の責任者であった。船山書記生は自動車を飛ばして医者を呼んだ。二人の懸命な働きで日中要人の全員が命を取り留めた。けれど哀れにも、宮下、船山の両名は手当が遅れ、猛毒が全身に廻り死亡した。

これまさに軍神に値しよう。犯人は総領事官に雇われていた中国人ボーイとみられている。有田外務大臣は外務職員の鑑として二人を表彰している。
反対に、76号の犠牲になった重慶側スパイの中には日中混血の女性がいた。中国人の法律家を父に日本人を母として生まれたテイピンルーである。藍衣社のスパイとなった彼女は才色兼備で丁黙邨や李士群を操ったが、ついに二十代半ばにして刑場の露と消えた。一見豪華な装いの上海が魔の都と呼ばれる所以である。魔都上海のテロは昭和十六年になっても続いていた。一例を挙げれば次のようだ。これらは重慶側のテロである。

七月　四日　浦東憲兵分隊　中野軍曹暗殺さる
　　三十日　虹口にて陸戦隊一等水兵暗殺さる
八月　十三日　中華日報社焼夷弾事件
　　十六日　楊樹浦にて豊田紡績日本人社員暗殺
　　二十二日　同、豊田紡績社員重傷
　　二十五日　楊樹浦にて陸軍軍属二名暗殺
九月　九日　滬西特別警察日本人刑事重傷　大陸新報社手榴弾事件
　　十四日　フランス租界にて汪派、白系露人イワノフ暗殺
　　十七日　南京路にて日本人一名暗殺、一名重傷
十月　六日　虹口海寧路にて陸戦隊歩哨暗殺
　　九日　南市、渦川部隊軍属暗殺

十六日　江湾憲兵分遣隊華人通訳暗殺　楊樹浦陸戦隊歩哨暗殺
（『上海憲兵隊』）

このように司令官といえども油断のできない日常であった。

暗殺の対象になる日本人は現場の者とは限らなかった。あわや一皇族が外地で命を落とす寸前までいった例があるのだ。陸軍士官学校五十五期生に賀陽宮邦壽《くになが》王殿下がいる。父上の恒憲王殿下は最後の陸軍大学校校長を務めた。第一王子である邦壽王は昭和十六年陸軍少尉任官となった。昭和十八年、海外部隊将兵慰問のためシンガポール、インドネシアを訪問された。スマトラ島では関係者一同を集めて歓迎宴が催された。スマトラ守備は近衛歩兵第二師団であり、師団長は武藤章である。宴会で出された料理には毒物が盛られており、口にされた殿下の体には異変が生じたのであった。恐らく殿下用に差し出された小皿の料理に込められたものであろう。敵（特定はできていない）は秘かに邦壽王の派遣を探知し毒殺を狙ったのであった。幸い医師団の必死の治療で命を取りとめた。殿下は終生これを秘事とされた（『近衛師団参謀終戦秘史』）。

自らの身が危うかったことについて下村は、あれで殺されていれば、大将になり歴史に名が残ったのに、と愛娘節子への手紙に書いている。

作戦がなければ司令官は暇である。しかしこの男は決して気を緩めなかった。現地外務省の役人から健康のためゴルフを勧められた。これに対し、健康にはなるだろうが、一日中棒のようなものを振り回しているわけにはいかないと答えた。では、とある人が、普段は勤務中でも私服でよいではないかと言った。この時の下村の言葉ほど人間としての誠実さを表すものはなかろう。

「作戦を指揮して居る此の軍司令部に一定の休日はない　上海は平静だが、俺の作戦地域内には今でも毎日何処かで部下が戦闘して居る　日曜でも夜中でも報告は来るし、命令も出さなければならぬ　官邸内だからとて丹前姿で報告を聞き、命令の決済署名をしてよいだろうか？　殊に作戦命令は、畏多くも御上の御委任による　此の俺が部下を駆って死地に突進せしむべき最も厳粛なる文書である　軍服以外の着物をきて之を取扱ふことは、たとひ人が見て居なくとも良心が許さないね」

こんな男にやがて天は大事を託すことになる。

第五章　軍解体の宿命のなかで

北京で迎えた終戦

昭和二十年八月十四日、北京にいた下村は大本営からの無線電報を何度も読み返していた。間違いなく電文は〝戦争終結〟と記している。

〝これはどういうことか、南京の総司令部は今日、戦争完遂を大本営に打ったはずだ〟

〝その答えがこれなのか〟

下村は暫し呆然としていた。後の回想によると、戦争終結、つまりポツダム宣言全面受諾の公報に接したのは、十四日の朝ないしは午後となっている。大本営が、戦争終結の電報を海外の派遣軍に発したのは午後六時となっている（『戦史叢書　大本営陸軍部〈10〉』）。時間のずれがあるにせよ、下村が手にしたのは大本営発の「帝国ノ戦争終結ニ関スル件」であった。

日本政府はすでに十日、ポツダム宣言受諾を連合国に伝えていた。しかし天皇の地位をめぐって連合国とのやり取りが十四日未明まで続いていたのである。戦争が終わったということは日本が負けたことであった。回想録には、「停戦決定公報を受信」とあり、〃停戦〃という言葉で当時の不信感を表していることを思わせる。いずれにしろ敗戦である。

前年の十九年十一月、下村定は北支那方面軍司令官として内地から北京に派遣された。二十年五月、陸軍大将となる。軍人最高の地位に昇りつめたが、戦局の悪化は感激に浸ることを許さなかったであろう。

方面軍とは、上海時代の司令官よりもはるかに広大な地域の部隊を指揮する。即ち張家口(チャハル省―現河北省)の駐蒙軍、太原(山西省)の第一軍、鄭州(河南省)に第十二軍、済南(山東省)に第四十三軍、それに北京には方面軍直轄部隊と、兵員三十数万名がいた。支那派遣軍総司令部は依然南京にあり、岡村寧次大将が司令官であった。

方面軍の敵は中国軍に違いないが、その主なものは共産軍であったといってよい。国共合作で崩壊寸前を免れた共産軍は、国民革命軍第八路軍として日本軍の前に神出鬼没の動きをみせた。八路軍には国民党軍に組み入れられた三つの部隊があった。総司令は朱徳、第百十五師(林彪)、第百二十九師(劉伯承)、第百二十師(賀竜)である。何れも大陸制覇後、十元帥に名を連ねる勇将たちだ。後に劉伯承のもとで政治委員を務めることになるのが鄧小平である。

共産軍は日本軍に対し正面からの戦いは挑まなかった。〃中央軍は戦争する、八路軍はこっそり座り込む〃という戯れ歌があったというが、正規戦は国民党部隊に任せ、もっぱらゲリラ戦で日本軍を悩ました。交通線の破壊、日本軍小部隊への攻撃、親日中国人の暗殺、八路軍支配地域の拡大である。捕虜になった日本軍兵士には反戦教育を施した。

こうした日本人捕虜たちは反戦同盟を作った。反戦日本人の代表的な一人が共産党員であった鹿地亘である（鹿地は日本で投獄中転向声明を出している）。鹿地は早くから国民党の宣伝部門を担当し、やがて中国共産党に接近して妻の池田幸子と一緒に反戦活動を行った。戦後ソ連のスパイを疑われて米軍に拉致された男である。

十四日、下村の部屋はいつまでも明かりが消えなかった。事はすでに決したのだ。しかし、ついさっきまで命令文書に署名していながら、墨痕鮮やかな内に正反対の降伏とは、自身も含めて部下に言えるであろうか。一片の紙切れによってたちまち降伏を受け入れることはとてもできない。こんな気持ちで悶々とした何時間を過ごしたに違いない。

ふと頭をよぎったのは幼年学校校長の言葉であった。橘周太校長は、常日頃から明治天皇の御勅諭をよく読めと指導していた。軍人勅諭の精神を体得せよとも言った。今机の上にある公報は一片の紙切れに過ぎないが、まさに陛下の意が込められた御勅諭である。その詔の精神は戦争を終わらせ国民を救うことにあるのだ。承詔必謹である。

今となっては〝承詔必謹〟は聞き慣れない言葉だが、これははるか昔の十七条の憲法に由来する。聖徳太子の有名な憲法第三条にはこうある。〝詔を承ては必ず謹め、君をば即ち天とす、臣をば即ち地とす〟と。簡単に言えば天皇の言葉を守れ、ということだ。平時ならばこれは容易い。しかし日本が負けた非常時に、どうやって全軍に承詔必謹を徹底させるかが難物である。それには、自らが勅語ならぬ司令官訓示を行うことが重要と考え筆を執った。何度も何度も朱を入れ訓示案を練る。翌日朝、訓示ができあがると高橋垣参謀長を呼び、午前十時に司令部の全幕僚を司令官室に呼ぶよう命じた。

十時、いつもの見慣れた顔が並ぶや、司令官は口を開いた。

「大本営からの連絡はすでに皆が知っての通りである。正午には陛下の御放送が流される。改めて皆に聞きたい。わが軍は如何なる態度を採るべきか。意見を述べてもらいたい」

果してどのような意見が出たのかはわからない。下村としては、ありったけのことを充分言わせることを狙ったのだろう。一通り意見が出尽くし、部屋には重苦しい、何をどうすべきかわからない空気が充満した。沈黙を破って下村の一声が響いた。

「我が軍の行動は単簡明瞭、承詔必謹である。復唱する、承詔必謹、各部隊に徹底のこと、以上」

やがて正午、玉音放送が流れた。午後三時、下村は再び全幕僚以下主だった者を集めた。自ら考え抜いた訓示を垂れるためである。この中で司令官は今後の具体的行動の指針を示したのである。残された資料を掲げてみる。

「本職は茲に血涙を揮って北支軍全将兵に命令す。曰く、事苟くも聖断に出でたる皇国百年の大計に属す　慎みて之を承くべし　仮令純真なる武士道的精神に発する行為と雖も、大詔の精神及之に基く諸命令に背反若くは抵触するものは断じて之を許さず」

そして将兵の採るべき態度をこう示す。

「一兵に至るまで之が矜持と信念とを堅持し卑屈の言動あるべからず　将兵個人の行動に於て或ひは民衆との接触華側との交渉に於て常に冷静犯すべからざる態度を保持すべく　苟も軍

律にそむき或は客気に制せられて驕慠なる行動に出て　若くは私欲に迷ひて賤劣なる行為に出ずる如きことあるべからず」

終戦の現実を実感させ、軽挙盲動を戒める訓示であった。ここに不思議なのは、戦闘行動の停止指示がないことである。それもそのはずで、大本営から戦闘行動の停止命令が発せられたのは翌十六日の夕刻であった。これによって、北支軍は十八日中に各軍に対し停止を命令した。又この中に〝私欲に迷ひて〟とあるが、混乱に乗じた兵隊の犯罪を心配したのであろう。事実その心配は現実となって大問題となる。

しかし、我が方が白旗を掲げても相手が応じてくれるとは限らない。現実に応じない事態が生じていた。それが下村の指揮下にある駐蒙軍で起こった。応じない敵は八月九日に満洲に侵略したソ連軍である。

駐蒙軍の展開地域は外蒙古を挟んでソ連と対峙していた。ソ連軍は十四日に張家口の北側に接近し日本軍の小部隊と衝突した。十五日終戦となり、最前線の部隊は後方に撤退を始めた。ところが十七日、十八日の両日、ソ連軍機が張家口を爆撃したのである。これに呼応するかのように地上部隊も侵攻を始めた。

日本の降伏を知ってか知らずか、あるいは通信不備なのか、明らかな違反行為と言わざるを得ない。日本軍では停戦の意志を伝えるべく軍使が赴いたが、射撃され負傷者が出る始末である。二十日もソ連軍の攻撃は続いたため、司令官根本博中将は、現状のままでは戦闘になることを北京に打電した。下村は総司令部の意図をも踏まえ、あらゆる手段で停戦交渉に入り絶対に戦闘を回避するよう命令した。二十日昼前ようやくソ連軍の攻撃は終わった。

このように軍事面での混乱が起きる一方で、北京市内の終戦後の様子はどうだったろうか。毎日新聞北京支局の丸野不二男は、〝北京悪日〟という題で実情を描写している。丸野によれば、終戦時に華北にいた日本人は約十五万人でその内十二万人が北京に住んでいた。市内は終戦直後から日本人目当ての強盗が出始めた。毎日の北京支局にも中国軍の憲兵が来て、写真機、タイプライター、時計、絨毯など金目のものは全て持ち去られた。財産没収という名目であろう。

ややこしいのは、接収には重慶政府に加え共産党も乗り出したことだ。北京周辺には前述のように共産党勢力が強い。北京一帯は日本軍の占領地域であり汪兆銘系の王克敏が管轄していたが、日本が敗れたことは同時に彼らも負けたことになる。従って共産党の工作員がますます勢力を伸ばす。負けじと、勝利した蔣介石の重慶側の人間もやって来る。共産系の工作員、重慶の特務、それに与太者・チンピラの類が日本人はおろか中国人に対しても勝手なことをする。中国人の間では、西洋鬼、東洋鬼、重慶鬼という言葉が生まれた。西洋鬼と日本人を指す東洋鬼は去ったが、何と同胞であるはずの重慶人士が悪さをしているというわけだ。

こんな中、日本人を守る任務も持つ下村は一つの行動に出た。それはラジオ放送である。放送は二十日、「北支軍の現状等に就いて在留日邦各位に告ぐ」との題で下村自身が語りかけた。

「北支軍将兵は私の訓示を待つまでもなく忍び難き忍び痛恨の涙を呑みつつも謹みて大詔を奉戴し軍紀上団結上共に些かの動揺もありません。斯の如き我が軍の厳正なる態度に対して、今後若しも不逞なる匪賊軍などが侵攻して来る如きことがあるならば、已むを得ず自衛行動に出ること勿論であります。

皆様の背後には北支軍数十万の忠勇なる将兵が今尚厳然と控て居ります。武器も治安上必要ある間は合法的な措置の下に之を放しませぬ。我々は不穏　不逞の輩に対して怖がる必要もなければ、自ら求めて卑屈になるようなことは断じて戒めなければなりませぬ。

終戦に伴ふ全面的の撤兵は協約の下に行わるるもの故、戦闘間敵に追撃されて逃げるのとは全く違い相当の期間を以て計画的に実施されますから、格別慌てる必要はありません。過日大使館より在留邦人は何時でも出発できるよう用意せられよとの告示がありましたのは、萬一余裕のない場合にも不覚を取らない為の警告と御承知下さい」

これは通り一遍のアナウンスメントであるとの批判はできよう。実情は前記特派員の観察にある通り、市内の実情は殺伐たるものがあった。

翌二十一日、下村は機上の人となって北京を飛び立った。前線視察や作戦指導ではなかった。司令官のもとに一通の電報が届いたのである。北支司令官の任を解き参謀本部付きにするという。やむなく根本博中将に椅子を譲り東京に向かったのである。

東久邇宮内閣の陸軍大臣に就任

終戦の翌日十六日の朝、荒れ果てた宮城の一室で陛下と一人の皇族が相対峙していた。皇族とは東久邇宮である。

「陛下から次の御言葉があった。卿に内閣組織を命ず。帝国憲法を尊重し詔書を基とし、軍の統制、秩序の維持に務め時局の収拾に努力せよ」（『東久邇宮日記　日本激動期の記録』）

東久邇宮稔彦は若き日を七年に亘って欧州で過ごした。日米交渉に行き詰まって近衛文麿が退陣したとき、有力な後継者として名が挙がった。自由な感覚を持つ異色な宮様であった。その感覚は閣僚選びに表れた。前日に自決した阿南陸軍大臣の後継人事について、教育総監の土肥原賢二が推薦されたのを一言のもとに撥ねつけた。「慣習は認めない、陸軍大臣は俺が決める」と、やんちゃ振りを発揮したのだ。そして特使を北京に送ったのである。

東久邇宮内閣の成立は北京にいる下村の耳にも入っていたろう。唯陸軍大臣が空白で総理兼任となっていることに訝《いぶか》しさを感じたかもしれない。北支那方面軍としては新内閣の成立など二の次であった。当面の治安維持、在留邦人保護、中国軍との交渉等に万全を期さねばならなかった。こんな文字通りテンヤワンヤの最中に特使がやって来たのだから、下村としては内心追い返したい気持ちであったろう。

特使とは前阿南大臣の秘書官であった林三郎大佐であった。林は新内閣ができると総理秘書官となった。そして東久邇宮の命令で下村引き出し工作にあたったのである。林は、総理直接の言葉だとして至急上京願いたいと熱心に説いた。下村は陸相就任と察知したが、それは言葉には出さずはっきりと答えた。

「現下の情勢では私が任地を離れるわけには絶対にいかん。それは三十数万の部下のみならず華北十五万の同胞に対して責任逃れとなってしまう。

ここに来られた以上、特使貴下も十分お分かりのはずだ、それ以上に東京の総理は理解されているると信ずる」


こうして押し問答が二、三日続いた。司令官の気持ちが固いことを知った総理は、是非とも呼び戻す方法として参謀本部付きという妙な人事発令を行ったのだ。

二十三日、下村は首相官邸に向かう車のなかにいた。隣には副官として美山要蔵大佐が同乗した。しばらくぶりで見る東京は、かって知る見慣れた帝都ではなかった。都下一面の焼け野原であった。ついこの間まで空襲があり、硝煙の臭いはまだ彼方此方に残っていた。そんななかに官邸は残っていた。東久邇宮は執務室で待っていた。部屋に入って総理の顔を見た下村は泣き面になって恨み節が出た。

「殿下、殿下は何ということを……」

宮はそれを押しとどめるかのように下村の手をとると短く言った。

「わかる、わかるよ、充分すぎるほどわかる。でも何も言わないでくれ。ことここに至った以上、陸軍を引き受けてくれよ」

下村は尚も食い下がる。

「殿下、否もう総理でしたね。総理は私の軍歴をご存知でしょう。部隊と教育と作戦で一生食ってきた男ですよ。政府についてはまるで素人です」

ここで宮の方からも恨み節調がでた。

「素人というなら俺だって同じだよ。考えてみてくれ、まさかこの身が総理とは。青天の霹靂以外の何物でもない。それは無茶さ。でもこの無茶をやらねばならない。この先陸軍は、海軍もそうだが、どういうことになるかわからない。近々聖上におかれては、新たに軍人に対する御勅諭をお出しになるそうだ。君はある意味で非凡なところがある。それを見込んだのだ」

心落ち着いた下村は受諾やむを得ずと感じた。二人は暫しパリの懐旧談にふけった。

「君には初めて言うと思うがね。パリで有名な占い師の婆さんに手相を見てもらったんだ。自分は画家だと言ったらすぐ嘘をみやぶられてね。おまけにムッシュウは総理大臣になるというんだよ。日本にはやがて革命が起きる、その時ムッシュウは総理になるとのたもうた。下村君、君もみてもらったら陸軍大臣になると言ったに違いないぜ。」

二人は陛下に拝謁した。下村の眼に映った陛下は憔悴しておられた。けれど、しっかりした口調で新陸軍大臣に語られた。

「陸海軍人は日華事変以来八年間、一身一家をなげうって、戦争に従事し、破れてもなお、最後まで戦い抜く覚悟でいてくれる。まことに頼もしく、その心持は十分に察するが、国家、民族の将来を思ってこの戦いを止めさしたのである。

軍人として敵に降伏することは最も残念であろう、不満でもあろうが、国の大事であるから、どうぞ、がまんして軽はずみなことをしないよう、そして八十年の輝く歴史をもつ、日本陸軍の終わりを全うするよう、大臣として指導してもらいたい」

下村はこの言葉を聞き、全力で陸軍の仕事にあたることを決意した。東久邇宮はこの日の日記に短く記している。

「下村大将に面会　午後五時　下村陸相親任式」

敗戦と陸軍大臣就任、下村ついに大事が廻ってきた。

帝国憲法発布以来初めての皇族内閣の布陣は、書記官長に緒方竹虎、外務大臣は重光葵、大蔵大臣は津島寿一、厚生大臣松村謙三といった顔触れであった。それに近衛文麿と小畑敏四郎中将が国務相として入閣した。小畑敏四郎の名が発表されても多くの国民は忘れていたことだろう。永田鉄山との双璧を謳われた陸軍の俊才であったが、二・二六事件後予備役となって表舞台から去った。近衛は副総理格として小畑は陸海軍のアドバイザーであったと思われる。

内閣として先ず万全を期さねばならないことは、国内、国外にいる全ての軍将兵に終戦を、即ち承詔必謹を徹底させることであった。十五日の放送があったとはいえ、宮城事件のような不安は決して去ったわけではなかった。また、海外において僻地にある部隊が終戦を知らない可能性も考えられた。そのため内閣発足の十七日には、天皇は軍人に向けて勅語を出していた。要約次の通りである。

「今ヤ新ニ蘇国ノ参戦ヲ見ルニ至リ　内外諸般ノ状勢上今後ニ於ケル戦争ノ継続ハ徒ニ禍害ヲ累加シ遂ニ帝国存立ノ根基ヲ失フノ虞ナキニシモアラサルヲ察シ

帝国陸海軍ノ闘魂烈々タルモノアルニ拘ラス　光栄アル我国體護持ノ為朕ハ爰ニ米英蘇竝ニ重慶ト和ヲ講セントス

汝等軍人克ク朕カ意ヲ體シ鞏固タル団結ヲ堅持シ出處進止ヲ厳明ニシ千辛萬苦ニ克チ忍ヒ難

キヲ忍ヒテ国家永年ノ礎ヲ遺サムコトヲ期セヨ」（読売報知　八月十八日）

終戦直前の宮城事件はまさに直前で阻止されたが、火の気は海軍部隊にくすぶっていた。海軍機が抗戦継続のビラをまいたり、新橋駅には国民に決起を促す印刷物が貼り付けられていた。その傍には水兵が立っており、明らかに海軍軍人の使嗾であった。なかでも厚木、木更津の航空隊が強硬であった。そのため米内海軍大臣は十九日、十三人の海軍将官を海軍省に集め、部隊の統制を厳命した。翌二十日には軍令部第一部長の富岡定俊少将が宮中に呼ばれ、陛下より「軽挙盲動せざるよう」とのお言葉を賜った。陸軍では聖旨伝達のため三人の皇族が海外に派遣された。陛下の大命である。朝香宮鳩彦王が南京へ、閑院宮春仁王は南方へ、そして竹田宮恒憲王は満洲へ向かったのである。一方で、新内閣は国民を明るくさせる施策を断行した。毎日新聞の森正蔵著『戦後風雲録』によると、

「組閣三日目の八月十九日、首相宮は臨時閣議を開いて、本日参内すると陛下より、灯火管制を中止し、国民の娯楽機関を復興し、信書の検閲を停止せよとの仰せがあった」

となっている。

東久邇日記では灯火管制の解除を十八日としているが、これまで電灯を覆っていた黒い布は取り払われ、普通の夜の街が復活した。信書の検閲とは日米開戦の直前から行われていたもので、以来終戦直後に至るまで国民の書く手紙は全て当局によって読まれていたのである。これは海外にいる日本人も同じことであるらしく、久保田知績『上海憲兵隊』には手紙の検閲の様子が詳しく書かれている。如何に戦時下とはいえ恐ろしい、長い一時期であった。また映画演

劇公演の即時再開や六大学野球も始まることになった。

閣僚全員がそろっての初閣議が二十三日開かれた。席上総理は下村に発言を求めた。いわば抱負である。新陸軍大臣はこう述べた。

「私は北京を去る際に、一部職員に対しこれからの日本人として為すべきことを自分なりに考え伝えました。それは国体の護持は勿論のこと、それ以上に国家の復興を目指して進まねばならないということです。国家の復興こそ大御心に副い奉るものであります。これを考えれば軽挙盲動はできず、いわんや玉砕してしまっては、復興の実現はできないのだと強調しました。私は感じます。国際情勢の新しい推移に日本復興の機会が生じると信じます」

下村が国際情勢をどう観ていたのか、どういった点に復興の機会を見出そうとしていたのかはわからない。それは、あるいはアジア・ヨーロッパでの大戦争が終わったことによる平和への期待感であったかも知れない。

ともあれ終戦直後の誰もが呆然としていた段階で、早くも〝復興〟を口にしたのは注目される。これより二日前の二十一日、フィリピンより河辺虎四郎参謀次長が帰国した。河辺次長は、マニラのマッカーサー司令部よりの緊急指令で、降伏交渉についての打合せのため派遣されたのであった。マッカーサー一行は八月下旬にも日本に到着するという。いよいよ占領軍がやってくるのだ。

八月二五日の勅諭と陸海軍消滅への道のり

陸軍省は参謀本部とともに伝統の三宅坂にあったが、この時は市ヶ谷の士官学校に移っていた。士官学校（本科）は神奈川県座間に引っ越していた。下村が陸軍大臣の椅子に座って二日後のこと、次官の若松只一と軍務局長の吉積正雄が大臣室にやってきた。陛下が本日、再び陸海軍人に対して御言葉を下賜されるという。

直ちに宮中に出向き米内海軍大臣とともに勅諭を賜った。その全文は次の通りである。

「陸海軍人にたまわりたる勅諭

朕帝国陸海軍ヲ復員スルニ方リ朕カ股肱タル陸海軍人ニ告ク

朕深ク時運ニ稽ヘ干戈ヲ戢メ兵備ヲ撤セムトス　皇祖考ノ遺訓ヲ念ヒ汝等軍人多年ノ忠誠ヲ顧レハ切切トシテ胸次ヲ刺ス　特ニ戦ニ殪レ病ニ死シタル幾多ノ将兵ニ対シテハ忡怛ニ勝ヘス

茲ニ兵ヲ解クニ方リ　一糸紊レサル統制ノ下整斉迅速ナル復員ヲ実施シ以テ有終ノ美ヲ済スハ朕ノ深ク庶幾スル所ナリ　汝等軍人其レ克ク朕カ意ヲ體シ忠良ナル臣民トシテ各民業ニ就キ艱苦ニ堪ヘ荊棘ヲ拓キ以テ戦後復興ニ力ヲ至サムコトヲ期セヨ」（読売報知　八月二十六日）

稽へ（カンガエ）、戢メ（オサメ）、殪レ（タオレ）で、意味は読んだ通りである。難しいのは忡怛であろう。チュウダツと読み、憂え悼むことである。荊棘（ケイキョク）は今でも時折使う。茨のことでひいては荒地を意味する。

陛下の軍人へ向っての御声はこれで三度目となる。十五日の終戦詔勅、十七日の勅語、そしてこの勅諭である。陛下は軍人の団結にひびが入るのを余程心配しておられたようだ。心配、かっての用語でいえばご軫念されていたのだ。終戦の日は全国民に対するポツダム宣言の受諾であった。十七日は特に軍人に対して受諾の理由を述べられた。では三度目は何を訴えようとしたのか。

勅諭の初めでは、股肱の陸海軍人に対し忠誠を称え戦死傷者を悼む言葉を述べる。これは十七日と変わらない。眼を引くのは〝兵ヲ解ク〟とあることだ。兵備を撤するという表現は前段にあった。微妙な表現だが戦争が終わったのだから、人員、兵器を元に戻すと意味と解釈される。しかし、兵を解くとは軍を無くすという意味にとれる。最後のところで、軍人は〝各民業ニ就キ〟とあるからだ。つまり天皇御自ら、明治以来育ててきた陸海軍を解散する意志を表明したわけである。

確かにポツダム宣言第九項は日本軍の完全武装解除と復員を求めていた。しかしこれは戦争に負ければ当然のことである。しかし戦争に負けても、軍隊そのものが解体されることはこれまでなかった。第一次大戦でドイツは敗れたが、ワイマール共和国でも制限された軍隊として残った。日本がかって戦った清国、ロシアも敗れはしたが、軍事組織はそのまま存続した。日本は今次の敗戦で兵を解散するという歴史上初の快挙に踏み切ったのだ。人読んで訣別の勅諭とするのも無理はない。これで軍の行く末は決まってしまったと言える。

陸海軍大臣は果して勅諭を何と聞いたのだろうか。下村は翌二十六日ラジオ放送を行った。ラジオだから軍人に限らず聞いたわけだが、軍解散は口にせずひたすら勅諭に徹せよと強調している。この勅諭を受けた軍人の反応はどうだったのか。ほんの一例ではあるが、南方サイゴンの陸軍病院で邦字新聞を読んだ陸軍少佐は、「弊履のごとくだなァ」とつぶやいたという(『民衆と戦争』)。そこには、要らなくなったから捨てられたという思いが込められている。

天皇の胸中を察したのか、手始めに政府は省庁の整理に取り掛かった。翌二十六日に軍需省を廃止して従来の商工省に戻した。これにより農商務省は農林省となった。また東条内閣の時に出来た大東亜省は完全に廃止した。

二十七日、東久邇総理は下村を呼んで何事か話し合った。総理の日記には、「陸相と要談」とある。内容は不明だが、想像するところ、どういう手順で陸軍をなくしていくかという相談であったか。

三十日、神奈川県厚木飛行場は整然と整備されていた。あくまで戦争続行を叫んだ航空隊員の姿はなく、参謀本部第二部長有末精三中将が二日前に先遣隊のテンチ大佐一行を受け入れていた。この厚木飛行場は、徹底抗戦を叫んだ航空隊員の蟠踞したところで、終戦後は荒れるに任せていた。それをある運送会社が昼夜兼行で滑走路を復旧したのである。その運送屋とは大安組、率いたのは安藤明という男であった。有末の著書『有末機関長の手記』にも触れられているが、安藤の働きは特筆すべきものなのである。午後二時、バターン号から日本に降り立ったマッカーサー元帥は次の第一声を放った。

「メルボルンから東京まではるかな遠い道であった。しかしわれゝはつひにこゝへ来た。日本側は誠意を以て武装解除をすゝめ、その他協約事項も順調に進んでゐるものと余は認める。この状態で行くならば来るべき調印式も円満に進行し再び流血の不幸を見るがごときことはあるまいと信ずる」（読売報知　八月三十一日）

その通り、順調に事を進める責任は実に下村の双肩にかかっていた。

マッカーサーがやって来たその三十日、この最高司令官を迎えるかのように下村はラジオのマイクに向かった。放送のなかで彼は先ず、内外に散在する軍人軍属の現状について説明している。一言で表現するなら復員の準備であるということだ。むしろこの日の呼びかけは別のことにあった。それは、復員及びその後のことについてであった。軍人が職を失った先をどうするかという問題である。下村の声を聞こう。

「當局としては武士は食はねど高楊枝と云った様な観念的自制をこの際諸士に強ふる如き考へは毛頭なきこと勿論、単に諸士の生活の途を拓くに止まらず、新日本の更生的国民として将来光明を眺めつゝ朗かにその一歩を踏み出し得る素地と前進力とを與ふることを第一目標として画策を進めつゝある次第である、然し乍ら右の実行に就ては今後大なる努力と時日とを要すること勿論であって、諸士の全部が新生活に落付くまでには余程の忍耐を必要とすることを豫め御断りして置く、扨て諸士が新しき生活につくための心得に就ては此際最も大切なことは、今迄軍人軍属として国家から受けたる待遇地位等に些かの未練を残すことなく全く生れ変って裸体一貫で踏み出すという決意である、これありてこそ諸士に對する世間の理解は益々高まり、他の国民諸君と渾然一体となることも出来、去る廿五日復員に関して特に賜りたる勅諭の御趣旨に副ひ奉ることが出来るであろう」（読売報知　八月三十一日）

この放送は主に職業軍人を念頭に置いたものであろう。徴兵で兵隊となった者は、復員すれば会社、役所、学校等それぞれの職場に戻るわけであるから、こんな呼び掛けは不要のはずだ（実際には大変な失業率であったが）。問題は身を一生軍に捧げることにした、上は大将から下士官に至るまでの職業軍人である。

下村自身もそうだ。自己を含めて裸一貫で出直せと言ったのである。下村は最上段から軍解体を通告するのではなく、転職という説明の仕方で、徐々に軍の運命を説明したのであった。これで軍人たちはもはや己の職業が無くなることを知ったのではあるまいか。

それにしてもこの放送は、観念的自制を求めないと言いながら、具体策を明らかにしていない。職業軍人が知りたいのはまさに政府の進める画策の中身であったはずなのだ。実情を明らかにするならば画策は進みつつあったのである。軍人職業舗導会という近衛文麿を会長とする団体が陸軍省と大蔵省の間で作られつつあった。海軍の場合は米内光政が会長となって援護会という職業斡旋団体ができつつあった。但し二つは正式発足前であったため公にできなかったのである。

九月二日、降伏文書の調印式が戦艦ミズーリ号の甲板で行われた。内閣では誰を出すかで相当論議があったとされている。当日甲板に現れたのは、政府を代表して重光外務大臣、軍部を代表して梅津参謀総長であった。重光はうなずけるとして、アメリカと戦った主人公である海軍が代表とならなかったのは奇妙であった。海軍が上手く身を引いた感じは否めない。

この日のマッカーサーはまさに千両役者であった。日本代表団の予想に反して最高司令官はスピーチを始めた。それはリンカーンを模した格調高い演説となった。随員の一人であった外務省の加瀬俊一は著書の中で次のように述べている。

「望むなら彼は一ポンドの肉を取り立てることも出きるのである。好むなら彼は屈辱的刑罰を課することも出来るのである。しかも、切々として自由と寛容と正義を訴える。最悪の侮辱を覚悟していた私は本当に驚いた。私はただただ感動した」(『ミズーリ号への道程』)

同日、衝撃的な情報が下村の耳に入った。自身のメモにはこうある。

「占領軍ニ於テ軍政施行ノ意図アリトノ報ニ接シ右制止方外相ニ要請」

これは重大であった。軍政とは、日本政府を認めず占領軍が政治を行うことだ。連合軍のサザーランド参謀長は日本側に次のように通告したのである。立法・行政・司法三権は最高司令官が遂行する、裁判は占領軍が行う、公用語は英語とする、軍票B円を発行するという内容であった。ボンヤリしていればまさに占領政治が始まってしまう。

翌三日、重光外務大臣はマッカーサーに面会を申し入れ、軍政は日本政府を否定し混乱をもたらすと強硬に抗議、撤回を申し入れた。重光の熱誠はマッカーサーを動かし、統治の主体は日本政府であること、占領軍は日本政府を通じて指示を出すことを約束した。重光は更に海外からの復員のために船舶の貸与を申し入れたが、マッカーサーは一旦断っている。

五日、第八十八回帝国議会に臨んだ東久邇総理は議会演説のなかで、今次の事態をハッキリと〝敗戦〟と表現した。

「今日の敗戦の事実を甘受し、断乎たる大国民の矜持を以て、潔く自ら誓約せるポツダム宣言を誠實に履行し、誓つて信義を世界に示さんとするものであります」

十八日、東久邇総理は外人記者会見に臨んだ。陸海軍省をいつ廃止するのかという質問に、「復員が済み次第」と答えた。この記者会見は相当外人記者の鼻息が荒く、総理も時折得意のフランス語で応酬する場面もあった。

四日後の二十二日、アメリカ政府は初期対日方針をマッカーサー司令部に通達した。その第三部、政治には次のように記されている。

「日本国ハ陸海軍、秘密警察組織又ハ何等ノ民間航空ヲモ保有スルコトナシ」

陸海軍の消滅は、この方針により確定したことになる。

急ピッチで進んだ「前例無き復員」

復員とは動員の反対である。普通に言えば引揚だ。即ち動員は戦時・有事であり、復員は平時に戻ることなのだ。任務が終われば、部隊は戦地、集合地から元の駐屯地に帰り、戦時組織は解散する。たとえば大本営という最高組織も要らなくなる。当然のことなのだが、これから陸海軍が手をつけようとしている復員とは規模において前例のないものであった。

一体、終戦時にどれほどの軍人軍属がいたのか。各種の数字が残っているが、概数の一例を挙げると次の通りだ。内地陸軍二百四十万、外地陸軍三百二十万、内地海軍百三十万、外地海軍四十六万の合わせて七百三十六万名となる（『日本内閣史録5』）。これに民間人が加わるのだ。優に一国の人口といってもよい日本人が、大東亜共栄圏の名のもとに、北は千島列島から南はニューギニア方面にまで広がっていた。誰でもこの膨大な数をどうやって帰国させるか、すぐには言葉がないであろう。しかも迅速に武装を解除し復員させる必要があった。連合国司令部の第一の対日方針は日本の非軍事化であったからである。このうち内地の陸軍については、何と十月十五日までに完了することを内閣で決めたのである。

復員の方針は、東久邇内閣の手によって早くも八月十八日に決められた。「帝国陸軍復員要領」がそれである。これは単に復員を行う旨の大方針を述べたに過ぎない。実際陸海軍が真っ先に手をつけたのは東京湾周辺の部隊であった。

マニラから帰った河辺参謀次長の報告によって、マッカーサー一行は二十八日に厚木飛行場にやってくることになっていた（実際は三十日に延期となった）。アメリカの艦船も当然浦賀水道に入ってくる。そのために二十七日午後六時までに、東京湾地区の全部隊を管轄地域の外に撤退させることにした。下村が司令官を務めた東京湾要塞司令部の要員も後方に退いたことだろう。明治時代に出来た専守防衛の要塞砲はかくして姿を消すことになった。

内地で優先的に復員となったのは、鉄道船舶部隊員、石炭従事者、農業従事者などであった。これらは国民の生活上欠くべからざるものとされ、即召集解除となったのである。敗戦に伴う今回の復員には異例の措置が取られた。それはある物の焼却指示である。

「復員部隊ニ属スル御真影、勅諭、軍旗、及其他御紋章、御真筆等ハ夫々奉戴（奉安）部隊長現地ニ於テ奉焼スルモノトス」（鎮西陸軍部隊復員要領）

何と天皇に関するものの他、軍旗まで焼けということだ。こうした指令により、内地部隊では百七十九旒《りゅう》、外地では二百六十五旒の軍旗が焼かれた。軍旗は連隊旗とも呼ばれ、力と団結のシンボルであった。顧みれば、軍旗の第一号は明治七年一月二十三日、近衛歩兵第一、第二連隊に親授された。その際、天皇から連隊長に対し勅語が発せられたものだ。

「歩兵第〇連隊編成成ルヲ告グ　ヨッテ今軍旗一旒ヲ授ク　ナンジ軍人等協力同心シテ　マスマス威武ヲ宣揚シ　以テ国家ヲ保護セヨ」（『日本軍隊用語集』）

歩兵連隊旗は全部で四二七旒であったとされ、今や栄光の旗が敗戦の結果悲惨な運命を辿ったことになる。奉焼の理由は、軍にとって神聖なものを敵手に渡してはならないということであった。

早々と復員となったものの一つに学校がある。たとえば海軍経理学校である。果して復員の実際はどうであったのか、父の記憶や資料からたどってみる。

筆者の父は昭和二十年四月に予科生徒として経理学校に入学した。予科生徒の学ぶ学校は奈良県の橿原近くにあった。父の回想によると、八月十五日は野外演習中であったという。陛下のラジオ放送は講堂で聞いた。翌十六日に校長から終戦の説明があったが、一人の生徒は日記に驚くべきことを書いている。

「原子爆弾トソ連ノ参戦ガ降伏ノ直接原因ナリト。アア日本ハ遂ニ科学戦ニ敗レタルナリ」

わずか十五歳にしてはズバリ本質をつかんでいると言えよう。演習はどうなったのか。なんと続けられたのである。十六、十七日と六百名の生徒たちは教官の指導で山野を駆け巡った。父もそのうちの一人だが、行き交う人々に妙な眼で見られたことを覚えているという。今想像するならば、地元民の胸の内は、〝戦争が終わったのに何をやっているのか〟ということだったのではないか。

十八日夜、取り消されていた夏季休暇に入ると告げられた。この十八日とは、前述した陸軍復員要領が出た日であるが、海軍も同じであったと思われる。海軍省教育局から学校に対し生徒を早く帰郷させよとの指令が届いたのである。十九日荷物整理、二十日校舎の大掃除、そして二十一日午後一時閉校式であった。面白いのは、閉校前全員が校庭に集められ二人の若い教官が鉄拳を振るったことだ。その言に曰く、

「行動が弛みきっておる。ただいまより気合を入れる。全員足を半歩開け、歯を食いしばって待て」

二人で六百名を殴ったのである。それは日本再建を込めた六百発であった。二十二日から帰郷が始まった。見送る教職員のなかに鉄拳教官の顔もあった。二人の腕には包帯が巻かれていた。陸軍幼年学校、士官学校が解散となったのは二十六日から二十九日である。

復員は内地部隊から急速度で進められたが、この破天荒な実務を担ったのが副官の美山要蔵大佐であった。美山の日記によれば、終戦の翌日から復員ならぬ脱走が始まったという。八月十六日には早くも大本営勤務の憲兵が需品の一部を盗って逃げた。二十四日になると九州方面

の脱走兵が三百名に上った。海軍の一部で飛行機やカッターで乗り逃げする者、東京の陸軍部隊ではトラックを無断で動かして東北方面に走り去り、途中でエンコを起こし、放置したまま行方をくらました兵隊がいた。〝敗戦のドサクサ〟とはよく言われた言葉だが、軍隊も例外ではなかったということだ。

こうした事例を耳にするにつれ下村の苦悩は深まったが、今の彼には内外地陸軍部隊を無事に故国に帰還させる大きな任務があった。総理の演説が行われた五日の閣議で、下村陸軍大臣は外地部隊復員の為に引揚船の優先的配分を要請した。この時点で使える船はどのくらいあったのか。十二月八日の開戦時には、軍艦と一般商船等合わせて船腹量五七六万トンであった。それが何と三十五万トン、全盛期の一割にも満たなかった。あまりの数字に驚いた下村は美山に問い質した。

「これだけではとても足りん。海軍の船は使えないのかね」

「大臣、三十五万トンは連合軍からも文句を言われない民間の船です。ご存知のように残った海軍艦船は呉や佐世保で解体が始まっているのです。戦艦「榛名」「日向」、巡洋艦「利根」みな然りです。戦艦「伊勢」も傷を負っていますが、空襲で家を失った人のアパートに変わっております」

下村は唸った。

「成程そうだったね。弾がないからと言って軍艦は使えんわけだ。すると残った船をどれくらい陸軍に回せるかだ。」

一週間後の十二日、東久邇内閣は閣議決定で三十五万トンの内、二十六万トンを外地陸軍復員用として使うことにした。下村の必死の願いが効を奏した。

復員業務に忙殺されていた九月のある日、下村は一通の封書を受け取った。差出人は吉本貞一とある。言わずと知れた親友の吉本からであるが、表に眼を遣った下村は暫し呆然とした。そこには〝下村定閣下　告別〟とあったからである。

「ああ吉本……」と思わず嘆声が漏れたのではないだろうか。中身は読まずとも了解出来たが、別れの文面は次のように書かれてあった。

「永年ニ亙ル御友情衷心より厚ク御禮申上候

扨テ今日ノ事詔書奉戴ト共ニ決意セシモ　當時病床ニ在リ加フルニ相当難病ノ様傳ヘラレアリシ為病苦ノ為ト誤解セラルルモ口惜シク　惜シカラヌ命ヲ療養ニ務メシカ幸ニシテ快癒出仕ノ光栄ニ浴シ茲ニ心惜キナク決行致ス次第ニ御座候」

何の衒《てら》いもない清らかな文面であり、吉本貞一という人はまさに〝心惜キナク〟死ねる気持ちを持っていたのである。陸軍大将吉本貞一は、明治三十四年九月一日東京陸軍幼年学校生徒として軍人の一歩を踏み出して以来、下村と軌を一にするかのように歩んできた。最後の職は東北軍管区司令官であった。十二日の杉山元帥自決の後を追うように十四日命を絶った。十一日には東条英機が自殺に失敗していた。

軍人の自決は相次いでいたが、自ら軍服を脱ぎ捨て商売を始めた陸軍少将もいる。商売とは、何と靴磨きである。さすがに有楽町のガード下というわけではなかったが、陸軍少将桑折勝四

高砂丸（『商船が語る太平洋戦争』所収）

郎は世田谷に小さな間口を借りて靴磨きに精を出した。合わせて靴の修理も請け負った。青年層を中心に結構客が来たという。

日本国内の部隊は急ピッチで復員が進んでいた。九月十五日には七割が完了したというから驚きである。陸海軍省共に頭を抱えるのが、広大な地域に散らばっている外地の将兵である。その軍人軍属およそ三百七十万余、しかも地域によって降伏の相手国が違う。中国軍、イギリス軍、ソ連軍、特に中国大陸の場合は各地域を受け持つ将領と和を講ぜねばならなかった。どこか一つでも早く帰還できる部隊はないか。下村の祈る気持ちが通じたのか、待ちわびた外地復員第一陣が到着した。当時の新聞を掲げてみよう。

「外地部隊復員の第一船として、病院戦高砂丸が西カロリン諸島のメレヨン島から廿六日、別府湾に入港した。陸軍部隊七百八十八名、海軍部隊八百四十一名、計千六百廿九名で去る十九日同島を出発懐しの故郷へ第一歩を印した」（大阪毎日　九月二十九日）

メレヨン島とはどこか。筆者も今回初めて知った島は中部太平洋のほぼ赤道上に浮かぶサンゴ礁の環礁である。現在はミクロネシア連邦（かつての南洋委任統治領）に属する。地図で見ると、トラック諸島とパラオ共和国の中間あたりだ。

昭和十九年二月のトラック島大空襲の後、三月から四月にかけて先ず海軍部隊が、次いで陸軍部隊がメレヨン島に守備隊として派遣された。海軍は宮田嘉信大佐の第四十四警備隊を中心に二三〇〇名が、陸軍は北村勝三少将の独立混成第五十旅団三四〇〇名が米軍の上陸に備えていた。しかし敵の度重なる爆撃（これを現地では定期便と呼んだ）はあったものの、米機動部隊はサイパン、パラオに向かい、メレヨンは取り残された。その結果は糧食補給がほとんどなくなり、四八〇〇名の餓死者、戦病死者を出したのである。

戦後、メレヨン島の悲劇として総合雑誌の記事にも取り上げられた。宮田、北村両氏とも復員後自決されている。高砂丸について一言しておきたい。同船は元々大阪商船の船であり、名前の通り台湾航路に就役した（かって台湾を高砂と呼んだ）。そして高砂丸には我が祖父、篠原昌道が機関長として乗り組んだのである。祖父は昭和十九年六月、やはり徴用船バタビア丸とともにサイパン沖に沈んだ。

十月三日、下村は陛下に北村旅団復員を上奏した。陸相独自に内閣を介さず天皇陛下に重要事項を報告する。これを帷幄上奏と称し、二重政府の表れだとして大正時代から吉野作造らが批判していた。帷幄上奏をする陸軍軍人も下村が最後となるのだ（参謀本部は十月十五日廃止）。

翌四日、東久邇内閣は総司令部から思想犯釈放の遅れを叱責され総辞職を決意した。辞めた東久邇宮は新宿西口マーケットに乾物屋を開いた。上手くいかなくなると新興宗教ブームに乗り、東久邇教の開祖となったが、この宗教はすぐ消えた。百歳まで長生きをした面白い宮様であった。

　下村は後継幣原内閣の一員として米内とともに残留した。もはや陸軍はこの人を措いて全うできないのである。天皇の信任も厚かった。幣原内閣の発足とともに、彼は軍服を脱ぎ背広姿になった。その理由について語る資料はないが、察するところ陸軍省廃止への心積りではなかったか。平服で勤務することによって、職員にも気持ちの切り替えを伝えたかったのだろう。事実、新内閣の写真には陸軍大臣は背広姿である。

　十八日、マッカーサーを御濠端のビルに訪ねた。マッカーサーは十五日に終わった内地復員に満足の意を伝え、短期間に成功した理由は何だと執拗に質問した。下村はおそらくこの時、濠を隔てた宮城を意識したであろう。胸を張って言った。

「復員が滞りなく完了した根本の原因は、日本の国民性及び軍隊教育の良い部分が、終戦の大命によって強くよびさまされてその特長を発揮したものと信じて居ります」

　内地はひとまず片付いた。だが海外の復員、引揚はまさにこれからであった。特に二度の勤務を体験した中国大陸には百万、満洲には五十万を越す将兵が捕虜となっている。果して敵方は帰してくれるのか、下村の頭は日夜大陸のことで一杯であった。

幣原内閣の陸相　後列右から2人目

湯恩伯将軍の温情

外地部隊の復員に心血を注ぐ下村のもとに吉報がもたらされた。それは大臣の手足ともいうべき美山大佐の報告であった。米軍からかなりの船が借りられるという。その総量は十月までに、一般商船二十二隻で九万一〇〇〇トン、海軍船は実に一一三隻で七万トン、それに陸軍船は一八隻で一万五〇〇〇トンであった。

これらの内、日本人に馴染み深かったのはLST船とリバティー船であろう。LSTは海岸に上陸して車両を揚陸できるもの、リバティー船は溶接接合による輸送船である。アメリカの輸送船には日赤の看護婦が召集されて乗り組んだ。戦争が終わったのに特別召集されたのである。復員者の検疫のためであった。看護婦らが困惑したのは船のトイレであった。見たこともない形の洋式トイレに、どうやって使うのか暫し立ちすくんだという。今となっては笑い話だが、座って排泄すること自体、想像もできなかったのである。

下村が心配したのは、外地のなかでもソ連軍に降伏した満洲方面であった。日ソ中立条約を破ったソ連が、果して順調に復員に応じてくれるか重大な懸念があったからである。そのため九月二十七日、この日は陛下とマッカーサーの会見日であるが、関東軍にいた宍倉寿郎少佐が駐日大使館にロマノフ武官を訪ねた。ロマノフ中佐はソ連の方針について、満洲の日本軍捕虜は良い環境のもとにあること、捕虜は近々帰国することになると説明した。これを裏付けるように、十月十四日満洲からLST十隻に乗って九九九七名の将兵が佐世保港に着いた（部隊名不詳)。十月十六日の閣議で、下村は外地の復員引揚について報告した。

「緊急を要する地区から始める考えであります。その際、患者、老若婦女子が優先されることは当然であります。ソ連軍管理下の満洲・樺太・千島は昭和二十三年八月頃までに、又中国軍管理下の大陸地区については二十三年四月頃までに完了する見込みでございます」

満洲には約八十七万七千名の捕虜がいたが、帰還は十月十四日以後は全く止んだ。何とソ連は彼らを続々とシベリアに送りつつあったのである。

軍人を含めて在外邦人の最も多いところは何といっても中国であった。その中国、なかでも実業家が多く住む上海の終戦について一人の日本人は次のように回想している。

「私は上海敗戦の一日はどの他の日よりもはっきり覚えている。私はその頃雇われ外交官として上海の日本大使館事務所に勤めていたが、すでに数日前から日本が降伏するらしいということは推測できていた。米軍が杭州湾に上陸して来れば日本側は上海南京から中国側の要人を連れて華北に撤退し、あとの上海の民政長官に私を任命したいという下話が軍からあるかと思えば、上海撤退の際には親中国派の日本人を血祭りにあげるという噂も飛び、その血祭りのリストの第一には私が載っていると、知らせてくれる人もある」(「上海の八月十五日」)

この〝私〟とは、後に全日空のトップとなった岡崎嘉平太である。元来は日銀マンだが、戦争中は外交官に転身していた。中国側の要人とは日本と提携関係にあった汪兆銘政府の人物を指す(汪自身は前年名古屋陸軍病院で客死していた)。南京政府(蔣介石は重慶政府)は米英に対して昭和十八年初め宣戦を布告していた。だからアメリカなど連合国からすれば敵国となるのである。岡崎は杭州湾上陸を口にしたが、ちょうど八年前の日本軍の奇襲から一転、今度はアメリカの上陸を心配しなければいけなくなった。まさに有為転変の世である。

終戦の時、上海周辺には十二万から十五万の一般邦人が暮らしていた。そのなかに山田純三郎、田川大吉郎の名が見いだせる。山田の名はこの頃にあっても懐かしい響きであったに違いない。辛亥革命を援助した志士であり、兄良政は明治三十三年の恵州起義で命を落とした。田川は中国に深く関わった新聞記者、社会運動家である。

戦争中、中国には三つの主要な政治組織体があった。あくまで日本に抵抗する蔣介石の重慶政府、重慶政府に協力する延安の毛沢東一派、そして汪兆銘の南京国民政府である。領土が広大とはいえ、三通りの構えを作ったのは弱小だった中国人の自然の知恵と言えよう。

驚異の粘りで勝利を得た蔣介石は〝以徳報恩〟を日本人に伝えた。だが実際に徳が施されるかどうかは中国側の実務者の問題である。だから九月八日に大場鎮飛行場に相手側の責任者が現れた時、一体どのような人物なのか、上海の日本人は固唾を飲んで見守った。接収官としてやって来たのは湯恩伯という上将（大将）であった。湯恩伯は派手な市中パレードをやったが、不思議なことにパレードの警備は日本軍が担当した。湯は早速、会見した第十三軍参謀長の土居明夫中将に対し朗らかに語った。

「日本は私の第二の母国である。あの強盛な日本が破れた責任は第一に軍人等が負うべきである。従って日本復興の大業も、軍人が必死になってやりとげねばならない。それでこそ好漢というべきである」

湯恩伯は日本の陸軍士官学校を出た。第二の母国とはそういう意味であろう。湯は、敗戦国の軍人こそ建設の先頭に立てと励ましたのである。戦勝国、特に中国の軍人からかくまで言われた第十三軍と居留民は感激したことだろう。実際、湯の敵国日本に対する取り扱いは温情あふれるものだった。

戦争が終わった上海でたちまち始まったことがある。日系企業で働いた中国人従業員の退職金問題であった。彼等従業員を全員解雇せざるを得なくなり、手持ちの現金から各企業は一応の退職金を払った。ところが様々な理由をつけて中国人は割増を求めてきた。それは戦いに勝った人民の、しかも混沌とした社会のなかの勢いに乗った要求であった。しかし日本人経営者は払うべき資産がもうない。と言うのは、負けたことによって物資の移動は禁止され、いわば資産凍結状態にあったのだ。

だが中国人は納得せず、会社幹部の私的財産で払えという。払えなければ危害を加えると圧迫してきた。この問題の責任者が岡崎参事官であった。岡崎は意を決し湯の下を訪れ、中国軍の斡旋で解決することに成功した。

一方、揚子江沿いの華中に配置されていた日本軍将兵はおよそ七十万名であった。総指揮官は南京の岡村寧次大将である。武装解除は重火器は引き渡されたが、自衛のための小火器は残された。それは日本軍部隊には各々の地区で警備任務が任されたからである。このため戦犯を除き軍隊としての組織は維持され、通信機器、自動車、飛行機まで当面保有が許された。これは湯の配慮である。また日本軍は引き渡した野戦砲の指導にもあたったというから敗戦軍の姿ではない。

湯恩伯は日中戦争の始まり以来、随所で日本軍と顔を合わせている。とりわけその名を高めたのは台児荘の会戦であろう。昭和十三年三月から四月にかけて山東省南部、江蘇省との境に位置する台児荘で両軍がぶつかった。これは中国蔣介石軍の日本軍おびき出し戦術、彼らの言う〝磁性戦術〟によったものであった。遊撃戦によって敵日本軍を引き出し、あらかじめ構築した中国軍の包囲網のなかに誘いこむ戦術である。湯恩伯は蔣介石直轄の軍を率いて日本軍の背後を切断した。このため日本軍は重囲に陥り苦戦を強いられた。特に一支隊は大きな犠牲を払って脱出せざるを得なかった。中国軍は大勝利と内外に宣伝し湯恩伯の名とともに今日に伝わっている。しかし日本軍は囲みを破ったわけだから負けたとは思っていなかったようである。

また昭和二十年の大陸最後の戦いとなった芷江作戦でも、湖南省に入った日本軍の前に立ちはだかったのが湯恩伯軍であった。このように日本にとっては縁のある人物であり、今となってはまことに頼りになる存在となっていた。

九月十八日夜、湯将軍から第十三軍司令官松井太久郎中将へ人を寄越すよう連絡があった。不安な面持ちで訪れた情報参謀市川次郎少佐へ、湯は日本語で命令した。

「明十九日、日本人の居在地決定のため市内視察を行う。貴官は同行して余を案内し居住地の一案を作成せよ」

上海の日本人の多くは虹口地区に住んでいたが、他の日本人と一緒に全員一つの場所に集める必要があるという。これは戦勝国としては当然なことで、合わせて中国人やアメリカ兵からの迫害を避ける意味もあった。翌日、市川は湯と市内を巡り、楊樹浦、虹口を点検した。日本人を一ヶ所に集中移住させるとなると、どうしてもこれらの地区に限られる。市川は自身の作成した図面を湯司令部に提出し検討した。湯将軍が許可したのは、やはり楊樹浦と虹口両地区の一部分で、移動には一週間の猶予期間を与えるという。つまり引っ越しのための時間が一週間ということで、日本が敗戦国であることを考慮すれば寛大な措置であった。他の地区から二万名の日本人が引っ越した。

日本軍が保管していた厖大な物資はどうなったか。これこそは中国側に持っていかれたと思われるが、そうではなかった。様々な倉庫内の物資は在庫表を作成させ、中国側担当者に渡せば検査を経てひとまず接収完了となった。そして何か必要な場合は、必要な種類と量を湯司令部に提出すれば自由に持ち出すことができたのである。敗戦国民、しかも敵地にある日本人としては夢のような現実であった。

衛生面では、市内の三つの陸軍病院が接収されず業務を続けた。武器の他に中国に引渡されたのは軍馬であった。日本人が持っていた書画骨董、刀剣類も接収された。しかしこうした美術品は戦勝国軍人の手には渡らず博物館に保管された。博物館というのは上海の西本願寺である。中国側はここを博物館と称し、高価な物品の散逸を防いだのであった。こうした湯司令部の措置は、現地堀内公使から吉田外務大臣に宛てた十一月七日の報告書に明確に表れている。

「湯恩伯ヨリ追加指示セラレタル中主ナルモノ左ノ通リ

（1）居留民所有財産ノ銀行、商店、工場等ハ其ノ個人タルト団体タルトヲ問ワス、名簿ヲ

作製シ説明（財産所在地及数量）ヲ附シ命令処置ヲ待ツヘシ
（2）各集中地区ニ於テ日本人ノ家屋構築ヲ許可シ且冬季季節服ノ準備ヲ要ス
（3）上海日本居留民ノ帰国待機中其ノ生命ノ安全、本司令官其ノ責ニ任シ保護ス」
このように上海地区の軍民が保護を与えられた一方、終戦になったのに戦闘に巻き込まれた部隊があった。八年の対日戦争を戦い抜いた国民党軍は新たな敵と対峙していた。それは因縁の相手というべきかもしれない。合作の相手である共産党軍である。

北方には八路軍、南方揚子江流域には新四軍と呼ばれる共産軍が散らばっていた。新四軍を率いた代表的人物が、後の十元帥の一人で外相を務めた陳毅である。終戦を迎えると、陳毅の新四軍は二十万の兵力で山東省から江蘇省に入ってきた。昭和二十年の十月である。湯恩伯はこれに備えるため麾下の一軍を揚州に派遣した。この揚州に在ったのが独立混成第九十旅団である。陳毅軍はこの部隊を攻撃し、揚州の北、高郵を守っていた旅団の一支隊を全滅させた。部隊記録には次のように書かれている。

「十二・一九　蘇北新軍総反攻　揚州泰県口岸鎮付近に作戦す」
「十二・二五　匪軍の高郵攻略に際し自衛の為之と交戦す」
六百名の大隊を一万八千の共産軍が攻撃したという。高郵の悲劇は国共内戦がもたらした犠牲であった。

冬が近づくにつれ、上海の日本人たちは今か今かと帰国を待ち望んでいた。十一月二十一日、松井軍司令官は湯恩伯を訪ねた。用件は帰国する日本人の荷物のことであった。日本側としてはできるだけ多く持っていきたい。召集された兵隊ならともかく、日本人市民は長年に亘ってこの地に生活地盤を築いてきた。上海は我が家なのである。今、無一文で放り出される身としては、持てるだけの物を持っていきたいわけである。湯恩伯は深く日本人に同情し、食糧、衣類、寝具など諸々合わせて一人三十キロ、最大四十五キロを許可した。これは一方の戦勝国であるアメリカの了解も必要であり難問題であった。できるだけ減らそうとする米軍側の眼を掠め温情をかけてくれたのである。帰国第一船は十二月八日であった。湯は日本人に激励の辞を贈った。

「今日諸君を回送するに当って、更に真理と正義を明白に認識し世界平和の建設、民主精神発揚の大道に向って邁進されんことを望む。日本民族は自立、法を守り、規律を重んずる優秀性と勤勉克己の精神を有している。

覚醒せよ。日本国民」(『湯恩伯将軍・日本の友』)

軍人の復員も速かった。昭和二十一年の十二月までに、大陸全土から実に百万名以上の将兵が帰国できたのである。

外地部隊の復員について特異なことがある。それは唯一つだけ外地から異常に速く帰ってきた部隊があることだ。復員させたという方が正確であろう。関東軍防疫給水部と化学部であった。七三一と呼ばれた部隊である。八月末の機密電報で関東軍司令官と支那派遣軍総司令官に対し、成るべく速に復員させるよう指示が出された。更に九月十四日、下村大臣名で「関東軍化学部ハ内地港湾上陸ト共ニ成ルヘク速ニ復員スルモノトシ」という指示が出されている。石井中将以下部隊員は、あるいは前述した十月十四日の船に乗っていたのかもしれない。理由は、「特にその部隊の特質にかんがみ」とだけ記されている。

どさくさまぎれの軍需品不正処分問題

『二等兵物語』という映画がある。主演は伴淳三郎だ。筆者は伴淳ファンなのでこの映画をよく覚えているが、結末は次の通りだ。中年二等兵の伴淳と花菱アチャコは兵営で散々こき使われて終戦を迎える。いざ戦争が終わったとなるや、上官達は軍需倉庫に殺到し、様々な品物を持ち去ろうとする。無論、違法行為である。伴淳扮する古川二等兵は銃を突きつけ彼らを怒鳴りつける。

「負けた今こそ俺たちは立派に行動しなければいかん。ドサクサ紛れに糧秣などを懐に入れようなどと、それでも帝国軍人か」

終戦後、こうした破廉恥行為が随所で頻発した。軍需品の不正処分である。米、味噌、タバコ、マッチ、それに毛布まで、兵営にあったものは全て軍需品である。適正な方法で兵隊に分配したり一般住民に開放するべきものを、混乱に乗じて手に入れた軍人が続出した。軍需品不正処分問題として後々まで尾を曳いた汚点であり、日本陸海軍の徳性、品性を大きく落した。律儀な下村にとって腹に据えかねる問題であった。

軍の持っていた膨大な物資をどうするか。アメリカ軍がやって来れば、間違いなく取り上げられ接収されるのは目に見えている。そこで鈴木貫太郎内閣は、終戦の前日である八月十四日に一つの置き土産を残した。膨大な物資を緊急処分してしまおうというわけである。「軍其他ノ保有スル軍需用保有物資資材ノ緊急処分ノ件」という名で閣議決定された内容は、何も各部隊等で好きなように処分してよろしいということではない。あくまで国民生活安定の為に使うということであった。

「軍ノ保管スル兵器以外ノ衣糧品及其ノ材料、医薬品及其ノ材料、木材、通信施設及材料、自動車（部品含ム）、船舶及燃料等ヲ可及的関係民間団体ニ引キ渡ス」

ここに記されているように、品物は先ず第一に国民向けに放出することを大原則としていたのであった。又軍需生産は直ちに停止すること、工場が持っている原材料は民需用生産に充てることも決定した。繰り返すが、鈴木内閣の決定は国民経済復興、国土再建を願ってのものであった。終戦の十五日、早くも海軍では戦争状態終結に伴う措置として、兵器以外の燃料、自動車、医療、薬品などを地方機関や民間に無償で払い下げることを指示している。

東久邇内閣もこの方針を踏襲した。陸相を兼ねた東久邇総理は内閣発足の十七日、軍需品の散逸、隠匿を厳に禁じ、国民生活に必要なものは関係省庁や民間に払い下げることを決めた。この内容は鈴木内閣のものと同じであるが、再度徹底させるという意味であろう。

この指示により軍需物資の放出が始まったわけだが、豈はからんや不正処分が続出した。物資放出という大原則は示されたものの、どういう風に分配するかの規則が区々でやりたい放題となったのである。海軍の場合は規則はあったものの、それでも八月二十四日になって「適正を欠く」として早くも一部の物資については回収を命令している。一体全体、規律厳正のはずの日本陸海軍に何が起こったのか。負けた腹いせなのか。元々人間とはそういうものなのか。

この心理を作家の梶山季之は明快に解説した。

「小銃にしろ軍服にしろ、すべて陛下からの貸与品であり、官物だから、たとえば小銃に傷をつけたら営倉にぶちこまれた。官物を傷つけるということは、陛下を傷つけたことになるというのである。このような不思議な社会だったから、終戦で武装解除されて丸腰になり、軍需物資を兵に分配せよ、という命令が出ると、蜂の巣をつついたような騒ぎになった。陛下と同格である官物が、私物にできるというのだから、神聖な帝国陸海軍の秩序は一瞬のうちに崩壊したのである」（『小説ＧＨＱ』）

実態の例を挙げてみよう。終戦翌日の十六日、大本営勤務の憲兵、規律順守の元締めであるはずの憲兵が窃盗のうえ脱走したことは前述した。八月二十日頃、千葉県の一陸軍伍長は、所属部隊倉庫内から精米三俵、大麦十七俵、澱粉五袋、酒四升、小麦粉五袋を持ち出して売り捌いた。栃木県の海軍一等飛行兵曹は、八月二十日自分で飛行機を操縦し、米、菓子、砂糖、衣服を落下傘で自宅付近に落した。和歌山県の一陸軍中尉は、八月二十三日頃自動車二台に米と衣料品を詰め込み自宅と知人宅に隠した。熊本県の海軍航空隊では軍需物資の配分は掴み放題となり、近在の住民までも軍倉庫に押しかけ争奪状態となった。

無軌道ぶりは軍隊内にとどまらなかった。山口県庁では八月二十日に県内の部隊から自動車十台分の菓子、酒類を受け取った。鈴木、東久邇内閣が決めた方針を軍は忠実に実行したのである。ところがもらった県庁側では職員に全部配給してしまい、これを知った県民から強い批判が県庁に対して噴出した。

一方、正当な配分の例も報告されている。東京杉並区では区内の部隊から譲られた乾パン、白米、梅干し、味噌、醤油などを各町会に分配した。しかし分配に預からなかった町会から不満が寄せられたという。軍需物資の放出には、陸海軍に出入りしていた会社、いわゆる御用商人も暗躍した。彼らは積極的に日頃接している軍人に働きかけて物資を入手したのである。

こうした状況は内務省の経済保安課が着実に把握していた。八月二十七日になって無統制な配分が横行しているとして次のように報告されている。

「更ニ莫大ナ数量ノ物資ガ会社幹部等ニ隠匿セラレ、又ハ不正授受セラレル事象モ巷間ニハ噂セラレ居ルノデアリマシテ、民需部門就中復旧工事ニ与ヘマスル影響ハ固ヨリ国民思想ニ及ボス影響ハ注目ヲ要スルモノガアルト存ズルノデアリマス」

この観察は恐らく内務大臣への報告か閣議資料として挙げられたものと思われる。翌日二十八日の閣議では、早速この問題が取り上げられた。小日山運輸大臣が不正放出を指摘し対策を提案した。大原則はあったが、統一した方針を作らなかったため不正の余地があったのである。閣僚の眼は当然、震源地である米内と下村に向けられた。下村には心当りがないではなかった。北京からの帰途、米子や大阪で軍人の不正行為を目撃したからである。しかしそれは極少数と思っていた。

復員作業に全力を尽くしている時に思わぬ問題が持ち上がった。非難されるのはわかるが、如何に手を打つか咄嗟には名案は出てこない。結論は東久邇総理の「簡単じゃあないか、実情がそうなら軍物資の放出は一旦取り消しだ」の一言で決まった。鈴木内閣の方針はわずか二週間で撤回されたのである。マッカーサーの到着を二日後に控えての決定であった。

軍が保有する物資については米軍から、一切処分することなく引き渡すようにとの命令が出されていた。河辺虎四郎参謀次長がマニラまで出向いて受け取った一般命令であった（陸海軍一般命令第一号）。河辺は八月二十一日に東久邇に帰国報告をしているから、内閣としてこの命令を知らないわけはないはずなのだ。それを一週間も野放しにしておいたのは、穿った見方をするならば、マッカーサーがやって来るまで自由に処分しようという暗黙の方針だったということか。

閣議から市ヶ谷の陸軍省に戻った下村は、主だった者を相手に怒りをぶちまけた。

「一体全体内地の部隊はどうしたというのだ。道義も何もあったもんじゃない」

若松次官、吉積軍務局長ら寂として声がない。下村は更に声を張り上げる。

「外地にいる何百万の将兵は敵国の捕虜になり、いつ故国の土を踏めるのか不安な毎日を送っている。軍の物資は復員してくる彼らの為、家族を含めた国民の為だ。何としても不正は止めなければならん。どうするのだ」

良い対策は打ち出せないまま、既に出た物資の回収に全力を挙げることを決めた。だが回収を進める一方で、物資の横流しは続いた。九月十二日、下村は新たな指示を内地全部隊に出した。

「復員帰郷者ニ対スル軍需品払下ノ不適正ナル事件依然跡ヲ絶タザルモ、軍解体ノ最後マデ皇軍ノ眞姿ヲ保持シ国民ヲシテ皇軍ノ価値ニ関シ疑惑ヲ抱カシムルカ如キコトナキ様各司令部ニ於テハ更ニ監督指導ヲ強化シ之カ適正ヲ期セラレ度」

下村は陸軍の汚点を洗うのに必死であった。しかし、親の心子知らず状態は続いた。九月二十日の美山日記には、「軍需品の不正持出が横行している。食糧や被服が大多数で某曹長の一件一万五千円というのもある。」と記されているのだ。

回収された物資はどうなったのか。一般命令通り連合国側に引き渡されたと見られるが、実ははっきりしない。九月二十六日になって連合国総司令部は、これらを日本側に返還すると発表した。食糧、衣料、運輸資材などの物資は日本国民の救済用として内務省に引き渡すという内容であった。一体どれだけの量が戻ってきたのかは不明だ。しかし軍需品処分の責任は陸海軍を離れたわけではなかった。

陸軍は新たに軍需品処分調査委員会を設けて、不正の摘発に全力を傾けることになった。こうした役割は憲兵が中心となるはずだが、憲兵は十月末までになくすことが連合軍から命令されており、捜査の主力は警察とならざるを得なくなる。十月四日になると、政府は返還品の処分を取り扱う特殊物件処理委員会を発足させた。東久邇内閣最後の仕事であった。〝特殊〟という名を被せざるを得ないほど、軍需品の処分は不正が横行していることを物語っているといえよう。具体的な処分決定は各県庁に任せられた。二十二日、下村は内地部隊復員完了の声明を出したが、続いて苦衷を滲ませながらこう述べた。

「内地陸軍部隊復員の経過中に最も遺憾に感じたことは、去る八月終戦直後における軍需品処分の件である。たとひ一時たりともかやうな不始末をしでかしたことは、私どもとして深く責任を感ずるところで、これについて陸軍としては多忙の際やむを得なかったとか、あれは前々内閣時代の出来事だとか申して責を免れるがごとき考へは毛頭ない」（大阪毎日新聞　十月二十三日）

だが問題は大臣の陳謝で終わったわけではなかった。

翌年一月二十一日、東京北部の板橋、滝野川の住民およそ三千名は旧陸軍造兵廠板橋工場に殺到した。工場は今のＪＲ十条駅の南にあった。前日、ここにまだ大量の品物が隠されていることがわかったのである。発覚の発端は造兵廠の元作業員が嗅ぎつけたらしい。これは当時積極的に活動を始めた共産党の知るところとなり、共産党食糧管理委員会が周辺住民に伝えたため蝟集騒ぎとなったのである。

工場には残務整理のための人間がいたが、住民に対し物資は滝野川区へ移管したとして譲渡証を示した。ところが譲渡証なるものが偽造であることがわかり、物資は大量に保管されていたのである。住民が工場内に入ってみると、大豆、屑米、木炭、自転車タイヤ、ゴム板などが山積状態であった。明らかに隠匿である。食糧委員会はこれらを住民五千人に公定価格の半額で分配した。この騒ぎは板橋事件と呼ばれたが、軍需品は隠匿物資と名を変え、その摘発は幣原、吉田、片山内閣まで尾を引いたのである。

戦争責任裁判法に下村は反対

日本が受諾したポツダム宣言は全十三項目から成っているが、其の第十項のなかに次のような一文があった。

「我等ハ日本人ヲ民族トシテ奴隷化セントシ又ハ国民トシテ滅亡セシメントスルノ意図ヲ有スルモノニ非ザルモ、我等ノ俘虜ヲ虐待セル者ヲ含ム一切ノ戦争犯罪人ニ対シテハ厳重ナル処罰加ヘラルベシ」

日本においての戦争犯罪人問題はここに源があった。

東久邇内閣は発足当初からこの難問を抱えていた。しかしどのように手を付けたらよいのか、裁判になるにせよ、前例もなく他の懸案に追われて時間が過ぎていた。行きつくところ天皇にまで責任が及ぶという不安が、裁判に手をつけることを躊躇する最大の理由であった。

東条英機は自宅を訪れた美山要蔵大佐に、戦争責任者は存在するが戦争犯罪というものはないと強調した。東条は別に責任を回避しようとしたのではなく、戦争は犯罪ではないことを述べたのだ。東条は戦争責任を人一倍痛感しており、自決の決意を美山大佐に告げている。天皇御自身も自らの戦争責任について口にされている。内大臣木戸幸一の日記にはこうある。

「八月二十九日（水）晴　一時四十分より二時五十五分迄　御文庫にて拝謁　其間　戦争責任者処罰の問題につき左の意味の御話ありたり。

戦争責任者を聯合国に引渡すは真に苦痛にして忍び難きところなるが自分が一人引受けて

退位でもして納める訳には行かないだろうかとの思召あり」

木戸は天皇が退位を考えていることに驚き、そのようなことは天皇制の根幹にも触れる問題であるから御口には出さぬよう強く求めた。

この難問の解決をリードしたのは、実に陸軍大臣の下村であった。発端は終戦処理会議である。この会議は総理と陸海両相、参謀総長と軍令部総長、外相に近衛文麿をメンバーとしたもので、国策を決定する最高機関と言ってよい。戦争が終わっても陸海軍が参加しているのはおかしく感じるが、敗戦の後始末をつけるためと解すればよいであろう。九月十日の会議では戦犯問題が取り上げられた。東久邇総理は出席者の発言を促した。沈黙が続くなか下村は発言した。

「近々戦犯容疑者の発表が総司令部からありましょう。政府として指名された者をそのまま引き渡すのでしょうか。いずれは引き渡すことになるとしても向う側の裁判だけでは不公平になります。直ちに引き渡すべきではなく先ず日本側で審理すべきであります。かくすることによって裁判の公正が保たれます。容疑者を無条件に先方に引き渡して裁判に任すことは、日本古来の武士道的慣習に反する。戦犯指名を受けた者も何よりも日本の審理を望むでありましょう」

この男にしては珍しく雄弁であった。しかも最高の政治舞台での発言である。参謀総長の梅津美治郎が賛成した。下村は海軍の二人に顔を向けたが発言はなかった。梅津が賛成したのは、終戦前に裁判の方法について日本の立場を擁護すべきとの意見を表明していたからである。

翌十一日、早速総司令部より東条内閣当時の全閣僚を中心に三十八名の逮捕令が発表され、十二日も続いた。東条がピストル自決に失敗したのはこの日である。十二日の臨時閣議で、連合国から提示された者に対しては厳重且つ公正なる裁判を行うことを決めた。

裁判の被告とは、「俘虜、抑留者ノ虐待、其ノ他国際法規、戦争法規ニ違反セル行為ヲナセル者」とされた。つまり後のA級戦犯のような戦争指導者ではなく、純粋な戦争法規違反者を念頭に置いていたのである。逮捕指名者の中には何と緒方竹虎の名があった。内閣書記官長であっても容赦はなかった。さすがに政府は総司令部に対し、緒方の名前は外してもらう一幕もあった。

閣議決定を受けて木戸内大臣は天皇に報告した。木戸日記の記述。

「一時半、首相宮御参内。戦争犯罪人の処罰を我国に於て実行することを聯合国に申し入るることに閣議に於て決定したる由にて其旨奏上せられたるに、御上は敵側の所謂戦争犯罪人、殊に所謂責任者は何れも嘗ては只管忠誠を尽くしたる人なるに、之を天皇の名に於て所断するは不忍ところなる故再考の余地はなきやとの御尋ねあり」

天皇はなかなか納得しなかった。東久邇は一旦下がり、外務大臣と司法大臣と一緒に再び参内し裁可を得たのであった。内閣の方針は重光外相によって総司令部に伝えられたが、総司令部からはそれは困難であるとの返事が返ってきた。下村の提案による日本側での裁判はあっけなく拒絶されたのである。

下村が戦争裁判について積極的に発言をしたのに対し、米内海相は無言であった。傍らにいた豊田副武軍令部総長も黙していた。特に米内光政は、下村と共に陸海軍の終わりを見届けた人物だけに沈黙は不可解である。下村の回想によれば、米内は終戦処理会議でも閣議でもほとんど発言したことはなかったという。

その回想によれば、「ある時私は米内大臣から呼ばれて、陸海軍大臣は発言せんことにしよう、と申し入れられた。私は、陸軍軍人を統督して終戦処理を行わなければならぬ責任上閣議の席上発言しないわけにはいかない、と答えた。復員者の進学に関し、陸海両省間でうち合わせて閣議で米内大臣から発言して推進することになっていたが、何も発言なく終わったことがあった。私としては米内大臣を余り信ずるわけにはいかなかった」となっている。

ところが、閣議では口を開かない米内が外人記者とは会見した。九月十七日にＵＰ通信の特派員のインタビューに応じているのである。この米内の非常識な態度、行動は、幣原内閣になって軍部の責任を問うた議会質問に対する答弁にも如実に表れることになる。

このように、葬り去られたはずの日本政府による裁判が、奇妙なことに幣原内閣になって持ちあがった。内閣書記官長の次田大三郎は次のように日記に書いている。

「十一月五日　芦田厚相より注意の次第もあり岩田法相と戦争責任裁判法につき協議す」

「十一月七日　宿題　戦争責任裁判法の制定」

日本側ではできないとなった戦争犯罪人に対する裁判が、何故また論議されることになったのか。連合国より新たな指令があったことはないから、新内閣として新たにＧＨＱに対し再考を促す狙いがあったと思われる。幣原という新総理に対する先方のイメージがよかったことから、日記にあるように外務省OBの芦田均が提案したのであろう。

〝戦争責任裁判法〟となれば新しい法律となる。前内閣でもわざわざ司法大臣が陛下の前で説明しなければならなかった理由である。具体的な作業がどう進められたのかは不明だが、次田日記の十一月二十二日はこう記す。

「法制局の人達に来て貰って、戦争責任者裁判法及位勲拝辞に関する勅令の案について協議したが、なほ研究を要する」

法律ではなく勅令で進行していることが読み取れる。勅令とは現行制度から消えてしまったが、天皇が制定する命令である。勅令というのは法律にして法律に非ざるもので、というのは議会の審議は必要とせず、議会は承認するだけだからだ。出来上がった勅令案は、「民心ヲ安定シ国家秩序維持ニ必要ナル国民道義ヲ自主的ニ確立スルコトヲ目的トスル緊急勅令」という名の長文のものとなった。

勅令は第一条で目的を掲げ、戦争を挑発誘導し内外諸国民の生命財産を破壊し国体を危うくさせた者、組織等を罰するためとしている。ここには捕虜虐待という文言はなく、広く国策上の誤りを追及するという画期的なものとなっている。つまり前内閣のもとは性格が変わったわけである。第二条ではより具体的に罰する行動を挙げている。

「一　天皇ノ命令無クシテ兵ヲ動カシ　妄リニ軍事行動ヲ惹起シ侵略的行動ヲ指揮シ　満洲事変　支那事変　大東亜戦争ヲ不可避ナラシメタル者
一　明治十五年軍人ニ賜リタル勅諭ニ背キ軍閥政治ノ惰態ヲ招来シ　国体ノ真髄ヲ破却シ

テ専横政治又ハ之ニ準ズル政治行動ヲ以テ天皇ノ平和精神ニ逆ヒ　大東亜戦争ヲ必至ナラシメタル者」

第二条は、この該当者を叛逆罪として死刑又は無期謹慎に処すると定めた。しかもこの裁判は大審院の一審制である。〝無期謹慎〟とは公職に就けないという意味で、それでなければ死刑という何とも大変な内容である。

ここに書かれているものは常識的にも大罪であるが、それを立証するとなると極めて難しいと言わざるを得ない。では誰が該当者を決めるのか。それは、総理、内務、司法、文部大臣が検事総長に告発するのだ。それと国民が百名以上の連名で四大臣に告発を要求することもできる。かって二・二六事件の時は叛乱罪で首謀者が処断されたが、戦後は叛逆罪という新しい罪名で戦争指導者を罰しようというのだ。

だが、一見鉄の如き勅令も抜け穴が用意されていた。第四条は、「該当スル者ト雖モ自ラ謹慎ヲ表明シ公職ヲ辞シ公民権ノ行使ヲ遠慮スル者ハ之ヲ処断セズ」という。これはまさに容疑者に逃げ方を教えるもので、こんな条項を入れた意味がわからない。このいわゆる戦争責任裁判法は、重光から変わった吉田茂外相が積極的だったが、閣内で強く反対した大臣がいた。他ならぬ下村定なのだ。

東久邇内閣で音頭を取った下村が、今度はなぜ反対したのか。自身の証言は見つかっていない。その心中を察するところ二つ考えられる。第一は本間雅晴中将の問題であった。大東亜戦争の初期、フィリピンからマッカーサーを追い出した第十四軍司令官の本間であったが、作戦が長期にわたったことを批判され予備役に回されていた。終戦後の九月十五日身柄を拘束され、最初は横浜収容所に次いで東京大森の収容所に移されていた。連合国の主張による容疑は、日本側には初耳のバターン半島での捕虜虐待であった。〃死の行進〃と形容された炎熱のなかの徒歩輸送で、万を超える捕虜が死亡したことを責められたのだ。本間がマニラに送られることは確定的であった。

十月になってから、陸軍省では本間に対する何らかの措置を検討していた。下村が持論としていた日本側による裁判はできなくなったが、少しでも本間に有利になるようなことを考えたのであった。日本側にこの頃最も騒がれていた戦犯軍人であった。山下の方はすでにマニラの軍事法廷に在った。本間は山下奉文と共に対しては陸軍懲罰令が適用された。これは元来、軍紀、風紀を乱した者に対する懲罰を定めたものである。将校に対するその罰は、謹慎、譴責に続き、礼遇停止とあり、この〃礼遇停止〃を本間に適用したのである。礼遇停止は一年以内は軍服を着ることを禁ずるものだ。この通知を受け取った夫人の富士子は陸軍省に下村を訪ねた。「本間夫人来訪　説得ニ努ム」と日記に書かれているが、実際は厳しく詰め寄られたらしい。

「下村さん、今度のことは一体何ですか！」

「閣下のためにしたことです。アメリカの処罰が少しでも軽くなるようにとの取りはからいなのです」

「処罰は旧敵国側がするでしょう。若しアメリカがどんな重い処罰をしようとも私はかまいません。絹針の先でつついたとも思いはしません。いま本間は軍司令官としての責任をもって、戦犯容疑者としてアメリカに逮捕され、消極的ながらご奉公しているものです。それを日本政府が処罰するとはまったく不可解です。君国のために忠勇を尽くした者をアメリカが逮捕したからといって、日本政府が処罰するとは、アメリカの行う処罰を行いやすくするようなものではありませんか」

「いや、あらかじめ日本政府において処置しておけば、それだけ先方の処罰は軽くなるわけです」（『文藝春秋』記事）

自身良かれと思ってしたことが、反対に富士子夫人の強い抗議を受けた。日本で裁判を行えば、同様の抗議が被告人家族から出されることが予想される。下村としては日本の手による裁判に嫌気がさしたのではないか。

もう一つはこの裁判法の中身であった。自分が最初に賛成した法律の罪名ではないのである。この論法でいくと、満洲事変からの国家指導者は多くが該当者となりかねない。該当者の選定自体が頗る難しい問題である。しかも告発する総理以下四閣僚が戦前の国策と関係がないかどうか、これまた怪しい問題ともなる。

下村の懸念は、行きつくところが天皇になるということであった。陛下の身は絶対に守らなければならない。さすればこの勅令（天皇の命令である）は矛盾と不安を含み、危うい。そう判断したのではなかろうか。

下村の強い反対で、勅令案は陽の目を見なかった。実際、天皇を戦犯にせよとの声は戦勝国の一部に強かった。天皇の身の問題は占領当事国であるアメリカが握っていた。マッカーサーがはっきりと天皇について言明したのは米内光政に対してであった。マッカーサーは「自分は天皇の地位について、これを変更するという考えは全然持っていない」と述べたのである（『終戦秘史有末機関長の手記』）。それは陸海軍省解体を控えて、日本軍部に対する連合軍からの最後のプレゼントでもあった。

だが天皇御自身は、戦後も長く戦争責任について懊悩しておられたことがわかった、昭和天皇の元侍従小林忍氏の日記は、昭和六十二年四月七日の部分に昨夕のこと、として陛下の語った内容を次のように書いている。

「仕事を楽にして細く長く生きても仕方がない。辛いことをみたりきいたりすることが多くなるばかり。近親者の不幸にあい、戦争責任のことをいわれる」（平成三十年八月二十三日産経新聞）

戦争責任を除外すれば、よくある老人の繰り言である。筆者はこれを読んで、確かに陛下は戦争責任を気にしておられたことはわかった。でもこれだけでは責任を痛感しておられたのか、どう感じておられたのかハッキリしない不満が残った。果して懊悩の中身は何だったのか。

陸軍最後の日までの残された時間

市ヶ谷の陸軍省はかっての尾張徳川家の上屋敷である。下村は陸相在任中、ここから程近い所を官邸として使った。陸軍省の正門を出て、靖国通りを新宿方向に向かい合羽坂を上る。現在の外苑東通りを渡って暫く進むと大きな屋敷に着く。ここは尾張徳川邸であり、この一角を陸軍大臣官邸として借り上げたものであった。

官邸は偕行社の河田町分館としても使われていた。隣は女子医専（東京女子医科大学）である。三ヶ月間、下村は市川の家ではなく、徳川邸に娘の節子と住んだ。「連日慣れない仕事なんでしょうか、本当に疲れて帰ってきました」、「私の役目は専ら肩もみでした」と節子は語る。

昭和十六年の牛込区詳細図を見ると、矢来町の越前酒井邸、それに河田町の徳川邸の広大さが際立っている。そして地図を眺めていて、あっと気付いたのは、何とこの徳川屋敷こそ筆者の長年の職場であったことだ。下村親子が住んでから十年以上が経ち、徳川邸跡に三階建てのビルが現れた。フジテレビである。フジテレビ生活三十七年の内、多くの年月をここで過ごした忘れ得ぬ場所である。在勤中は一度たりとも徳川邸跡とは聞かなかったが、今まさに地縁でこの本を書いていることになる。ちょっとした感興を覚えずにはいられない。

盟友とも言うべき東久邇稔彦が去り、外務省の長老幣原喜重郎が十月九日内閣を組織した。下村は一旦辞意を固めたが、幣原の懇請により留任した。十六日、閣議の後で全閣僚が宮中に出向き御陪食に与った。この席では下村がフランス留学時代の思い出を披露した。ちょうど陛下が若き頃のヨーロッパ旅行と時期が重なるからである。

「東久邇様がパリで地下鉄に乗られた時、切符の出し方が悪いと言われて改札口の老婆に叱られたことがございました」

するとと陛下は大きく頷かれた。

「そうか。実は自分も地下鉄の改札口で、切符の出し方が悪いといって改札の婆さんに叱られた。パリでは実に自由であった」

　久方ぶりに笑い声が流れた。

　幣原内閣は十月二十六日、陸海軍省をそれぞれ第一、第二復員省に改編することを閣議決定した。新官庁の発足は十二月一日となった。となると、十一月三十日が陸海軍最後の日となるわけである。参謀本部と教育総監部、それに海軍の軍令部は十月十五日に姿を消していた。

　陸相就任以来次々と起こる難題処理に心血を注いできた。陸軍最後の日が決まった今、下村の胸にふと、歩んできた道のりがよぎったとしても不思議ではない。顧みれば明治四十一年十二月陸軍少尉任官以来、働き盛りの四十年を一途に軍務に捧げてきた。それもあと一ヶ月余り、しかも陸軍解体の最高当事者として迎えねばならない。〝残された日々を己はどう過ごしたらよいのか〟、深く考えれば考えるほど煩悶は増してくる。

　〝仕方あるまい、目前の問題と取り組むだけだ〟と決意したのではなかろうか。

「別無聖解」（別に聖解なし）という禅語を浮かべたかどうかはわからないが、眼の前の仕事と取り組むところに真理ありという心境になったと推察される。下村という男は非凡な才能を持つ。しかし非凡な人間に有りがちな独善性、鋭利性はない。ひたむきに進むだけの凡人である。しかもそのひたむきさが人の心を打つ。評せば、非凡なる凡人、と言えよう。

　下村が気にかけていた懸案の一つに、職を失う軍人の就職、生活問題があった。軍人という職業がなくなるわけだから、彼らは十二月一日以降は失業者となる。一部は復員省の職員として残るであろう。だがそれは少数に過ぎない。下村は大臣直接処理としてメモを残している。それによれば就任早くから対策を考えていたことがわかる。

「九月九日　軍人職業輔導会予算ニ付蔵相（津島氏）ニ要請」

「二十六日　遺族保護、退職軍人職業輔導会発会式」

この輔導会は近衛を会長にスタートを切ったものであろう。ところが十一月に入り一頓挫を来たす。

「十一月五日　遺家族援護及退職軍人職業輔導ノ為ノ施設ヲ軍関係、国家的機関トシテ設クル件、占領軍ノ強キ反対ニ依リ實施困難トナル」

下村が手塩にかけた輔導会は、ＧＨＱ命令で解散させられてしまったのである。軍人を助けるのに国家の予算を使うのは禁止というわけである。しかし私的なものは自由であった。海軍将校が作った未亡人救済会というものがある。戦死した海軍軍人の夫人を救うため、中古品のミシンを集めてお針子仕事を斡旋したのである。この事務所は天野大三なる人物の自宅にあった。天野大三―麻雀愛好家なら懐かしい名前ではなかろうか。戦後にリーチ麻雀を発展させた御仁である。天野は発案者の海軍将校と麻雀仲間だった。

十一月十五日、軍管区司令官を前に訓示した。

「我々陸軍に在る者の責務とは何でありましょうか。それは厳粛公正に終戦の事業を遂行して陸軍の終わりを全うすることであります。且又過去の業績に対する内外一部の誤解を一掃することです。これありてこそ戦没英霊の遺勲に酬いることと信じます。」

下村が各軍管区司令官を集めたのは、一つには各々に所在する捕虜収容所の戦時中の実態を聞き取るためであった。連合軍からは捕虜虐待に関する訴えが出ていたからである。司令官の中で東海軍管区司令官である岡田資中将一人が自己の責任を明確にした。B—29搭乗員を処刑した責任を述べたのである。岡田は東京裁判で刑死し、映画『明日への遺言』の主人公となった人だ。二十日、今度は在郷司令官会同に出席し、およそ二百名の将官を前に口演した。

「今後の施策について私の考えを申し述べます。連合国側の桎梏より一日も早く脱却するためには、ポツダム宣言に於ける関係事項を誠実且迅速に確実に履行し、名義の如何に拘らず兵装の隠匿、残置、軍事的意味を有する団体の結成を禁止することとです。軍人精神及武人としての修養は之を維持発揚して自然の裡に国民の愛敬を受け、延てその精神的中核たるに至るべきことであります。そして今後私共が採るべき途は緊確なる信念のもと一切の刺激に対し隠忍し、近視眼的の言動又は小乗的闘志の発露を慎み帝国軍人に対する中傷誤解を……」

力を入れて語るのだが何故か空しさ、悲しさを拭い切れなかった。

翌二十一日、下村のみならず幣原内閣を仰天させる連絡が総司令部から入った。

「児玉総裁来訪　連合国側に於て軍人恩給停止の意図ありといふ」（次田大三郎日記）

翌日は閣議であったが、渋沢蔵相より正式な報告があった。連合国指令として軍人恩給を全面的に停止するという。軍人へは金を払うなという命令である。軍人という職業はなくなるのだから給料自体は存在しなくなる。だが恩給という退職金にあたるものは存続するはずである。軍人には当然召集された一兵卒まで含まれる。先に就職斡旋組織の結成を禁止され、この上恩給まで取り上げられれば軍人家族は生活の糧を絶たれる。

下村以上に激高した吉田茂外相は積極的に動き、マッカーサーに対し不当性を強く訴えた。日本に対する政策は極東委員会対日理事会で決まる。理事会はアメリカ、ソ連、イギリス、中国の四ヶ国で構成され、アメリカ一国の判断ではできないことがある。マッカーサーは吉田に対し同情を寄せながらも自国の意見だけでは通らないという理由を述べた。

結局、二十四日に政府が手にしたものは、「恩給年金及利益ニ関スル覚書」であった。その内容は、軍勤務者に対し、離職退職手当金や同種の賞与、手当を支払うべからずという冷酷なものであった。実施は翌年二月一日からとし、わずかに障害を負った軍人は除かれたが、これにより多くの陸海軍人・軍属は普通の恩給は受け取れなくなってしまった。軍人恩給が一般公務員のそれより優遇されていたことは事実である。是正を勧告するならば減額という方法もあったはずであり、いきなりゼロにしてしまうとは非軍事化政策の極端な表われであった。

恩給停止問題に政府が忙殺されている間、総司令部の人間は東京駒込にある理化学研究所に踏み込んだ。向かったのは世界的物理学者である仁科芳雄博士の研究室であった。研究室には核加速装置サイクロトロンがあった。仁科は多くの優秀な弟子の協力のもとに対米戦前に大型サイクロトロンを完成させていた。この施設は原子物理学、量子力学、更には生物学研究といった多様な目的のためであり、原爆製造のみを目指したものではない。原爆には原料のウラニウムが必要であり、日本には戦時中は入手する術はなかった。ましてや日本が負けたとなっては一実験装置に過ぎなかったのである。

ところが総司令部の係官は二十四日、サイクロトロンを有無を言わせず持ち去り、解体して東京湾に放棄したのである。理研のみならず、京都大学と大阪大学のサイクロトロンも破壊された。非軍事化政策は学術研究の分野にまで及んだのであった。

砲兵科将校という一種の軍人科学者である下村はこの暴挙を何と聞いたであろうか。憂色深まる下村の前に第八十九帝国議会は開かれようとしている。

陸軍の政治干渉を糾弾した第八十九回帝国議会での下村演説

十一月二十八日午後、衆議院本会議場では八十九回帝国議会の質問演説が始まっていた。最初に壇上に上がった小柄な老人、議場を埋めた議員も幣原総理以下の閣僚もこの男に注目したに相違ない。斎藤隆夫、このとき七十五歳。五年前の二月、解党前の民政党を代表して支那事変に対する政府見解を質し、今生まれたばかりの日本進歩党から演壇に登ったのである。誰もが斎藤の雄弁を期待したとしても不思議ではない。ネズミの殿様とあだ名されたこの老人は舌鋒鋭く斬り込んだ。

「此の際は民衆政治の運用に付きまして、又一つには戦争責任者に対する政府の態度に付きまして、特に総理大臣に質して見たいことがある。尚最後に於きましては日本に発達した所の軍国主義に付て、特に陸軍大臣の意見を聴いて見たいことがあるのであります」

核心を突いた質問に議場には張り詰めた空気が流れた。論理を以て聴き手を唸らす弁舌が始まった。この日の斎藤はまさに議場の花であった。今日残された速記録を読んでみても、傍聴席に居る感じである。

「先ず以て戦争責任の根本に付て一言せざるを得ないのであります。私は見る所を纏めて率直に明言する。今日戦争の根本責任を負う者は東条大将と近衛公爵、此の二人であると私は思うのであります。尤も此の両人だけが戦争の責任者ではない、他にも沢山あるでありましょうが、苟も政局の表面に立って此の戦争を惹起した所の根本責任は近衛公爵と東条大将、此の両人であると云うについて、天下に異論ある筈はないのであります」

ここで彼方此方から拍手が巻き起こった。近衛と東条。時代の大波から浮び出た二人といえようが、明快に二人の名をかざした声は天の声を思わしめた。では何を以て根本責任とするのか。

「申すまでもなく大東亜戦争は何から起って居るのであるかと言えば、詰り支那事変から起って居るのであります。支那事変がなければ大東亜戦争はないのである。それ故に大東亜を起した所の東条大将に戦争の責任があるとするならば、支那事変を起した所の近衛公爵にも亦戦争の責任がなくてはならぬのであります。私は今日此の場合に於て支那事変は何が故に起ったのであるか、そう云うことは申さない。又当時近衛内閣が声明した所の現地解決、事変不拡大の方針、是が何故に行われなかったか、是又言うの必要はない。併しながら事変は拡大に拡大を重ねて停止することができない。此の時に当って近衛内閣は如何なることを声明したか。支那事変は支那を侵略するのが目的ではない、日支親善が目的である、それを蔣介石が邪魔をするから蔣介石を討つのが目的であって、決して支那民衆を敵とするものではない、斯う云うことを声明して居る。併し斯くの如き浅はかなる声明が支那の民心を把握して、世界の世論を惹付けることが出来ると思うに至っては全く児戯に類するものであります」

事変の最中から、政府・軍部は支那民衆は敵に非ず、敵は米英と結託する蔣介石政権であると何度も繰り返した。米英は植民地勢力であり、それは中国の真の独立にはならないという理屈である。真の独立は日本との共存であるというわけだ。だが民衆は敵ではないと言いながら、現に大陸で戦ったではないかという矛盾を斎藤は突いたのである。

更に近衛に対する追及は厳しい。汪兆銘引き出し工作（汪兆銘が重慶を離れたのは第一次近衛内閣の時）、三国同盟締結（第二次近衛内閣）、日米交渉の失敗（第二次、三次近衛内閣）を例に挙げている。そして斎藤の舌はついに下村に向けられて来た。重要な箇所なので全文を掲げる。

「最後に於て陸軍大臣に向って質して置きたいことがある。それは我が国に於ける軍国主義の発達に関することであります。軍国主義は既に亡びてしもうた、ポツダム宣言の一撃に遇うて根本から亡びてしまった、我々は国家の為に是程痛快なことはないのであります。唯併し我々の力に依って軍国主義を打倒することが出来ずして、ポツダム宣言、即ち外国の力に依って初めて之を打破することが出来たと云うことは、何と弁解致した所で我々政治家、日本政治家の無力を物語るものである。併し是は仕方がないと致しましても、元来我が国に於きましては彼の満洲事変当時より軍人が政治に干渉し、軍国主義者が漸次に勢力を得て、実際に於きましては国家の政治に至るまで彼等に依って左右せらるるに至ったことは、是は争うことの出来ない事実であるのであります。而して、此の弊害は積り積もって停止する所なく、遂に今回の戦争を捲起し国を挙げて戦争の渦中に投じ、国を挙げて敗戦のドン底に蹴落して我が国今日の惨状を来したのである。然る所が、今回の敗戦に依りまして軍備は悉く撤廃せられ、軍国主義者は悉く葬り去らる、是が為に軍部を統轄する所の陸海両省、此の陸海両省も近く廃止せられて国民に別れを告げねばならぬこ　とになるのであります。それ故に此の際に当りまして、苟も軍の代表者たるものは、我が国に起きましてどうして斯う云う軍国主義が生れ出たのであるか、又どうして之を未然に防ぐことが出来なかったのであるか、どうして之を抑圧することが出来なかったのであるか、そうしてどうして今回の戦争を導いたのであるか、凡そ是等のことに付きまして、全国民の理解を求むるが為に一切の真情を説明せらるる所の必要があると思うのであります。我々も又軍部大臣と相見ることは今回が最後と思いまするから、敢て此の質問を致す所以であります。陸軍大臣は能く是等の事情に気を注がれまして、我々に対しては申すに及ばず、此の議会を通じて広く国民の理解を求めらるるが為に、出来得る限り詳細に自己の所見を述べられんことを望みます」

実にわかりやすい名演説であった。それは国民目線に立っていたからである。

幣原総理は戦争責任者については明言を避けた。戦争責任ということについても一切触れなかった。現下行われつつある連合軍の逮捕審問に委ねるという態度を採った。質問者の斎藤としては甚だ不充分であったろう。では陸軍大臣は何を言ったか。これまた斎藤に対応した名答弁であった。

「斎藤君の御質問に御答えを致します。所謂軍国主義の発生に付きましては、陸軍と致しましては、陸軍内の者が軍人としての正しき物の考え方を過ったこと、特に指導の地位にあります者がやり方が悪かったこと、是が根本であると信じます。此のことが中外の色々な情勢と、複雑な因果関係を生じまして、或る者は軍の力を背景とし、或る者は勢いに乗じまして、所謂独善的な横暴な処置を執った者があると信じます。殊に許すべからざることは、軍の不当なる政治干渉であります」

ここで大きな拍手が起こった。陸軍最高当局者の口から〝政治干渉〟を糾弾する一言が出たのだ。下村の手には原稿はなかった。まさに真情を吐露していた。

「斯様なことが重大な原因となりまして、今回の如き悲痛なる状態を国家に齎しましたことは何とも申訳がありませぬ。私は陸軍の最後に当たりまして、議会を通じて此の点に付き全国民諸君に衷心から御詫びを申上げます。陸軍は解体を致します。過去の罪責に対しまして私共は今後事実を以て御詫びを申上げること、事実を以て罪を償うことが出来ませぬ。洵に残念でありますが、どうか従来からの国民各位の御同情に訴えまして、此の陸軍の過去に於ける罪悪の為に、只今斎藤君の御質問にもありましたように、純忠なる軍人の功績を抹殺し去らないこと、殊に幾多戦歿の英霊に対して深き御同情を賜はらんことを、此の際切に御願いいたします」

〝御詫び〟、〝罪責〟、〝償い〟、〝罪悪〟、敗戦を招いた陸軍の責任について、下村はこれだけの言葉を使って率直に国民に詫びた。幾度となく拍手が起こりすすり泣く声も流れた。それこそ一言一句心底からの叫びであったに違いない。この日の彼は平服姿であり、しかも黒の背広であったのは最初から謝罪の意志を表していたのであろう。

「軍国主義の誕生の経緯並にそれを抑制し得なかった理由等について、此の議会に開陳をせよと云う斎藤君の御希望、洵に御尤もであります。之には慎重の検討を要することでございまして、私共固より其の必要を感じて居りますが、今議会中に於て斎藤君の御満足の行きますように、具体的に詳細に申上げられるかどうか御約束が出来ませぬ」

真摯な下村の答弁は万雷の拍手に送られて終わった。

陸軍はこのように明確に謝った。では海軍はどうか。斎藤の後に立った内務省出身の三田村武夫議員は執拗に海軍の責任を追及した。当然それは米内海軍大臣に向けられた。三田村は九月に米内が外人記者のインタビューを受けて、戦争は二年目以降は長く続けられないと答えたことを指摘した。そして小磯内閣以来現在に至るまで米内が海軍大臣の地位にあり、まぎれもなく重臣の一人にありながら何故もっと早く戦争を止めなかったのかと迫ったのである。

「更に米内海軍大臣には、私は海軍大臣としての立場だけでなくて、重臣の人として、あなたが内閣総理大臣の地位を御去りになってから今日まで、東条内閣の出現、更に其の後に於ける今日の事態まで、あなたは良心的に責任を御感じになって居りましょう。遺憾ながら今回あなたの態度は多くの誤解を受けて居ります。民主主義の政治とは誤解なき政治を謂う、誤解のある所に明朗なる国民の姿は出て参りませぬ。如何なる立場に於てあなたは良心的に苦しみなきを得られるか、一つ厳粛なる態度で御答弁を願いたいと思います」

これに対する米内の答えは驚くべきものであった。

「御答え致します。九月十七日、米国記者との会見に於て、戦争開始当時、戦争は二年間続くか否やを疑ったと云う、其のことは正に其の通り話を致しました。其の他の御質問或は御所見に対しては御答えの限りじゃございませぬ」

たちまち怒号が浴びせられ止まなかった。戦争は陸海軍が遂行したものであり海軍は責任を免れてよいはずはない。それは三歳の児童にもわかるものだ。当然何らかの言葉があってしかるべきなのに、米内は頬かむりをしたのである。

二日後の三十日、海軍省解体にあたり米内大臣の談話が発表された。それには、「国家今日の運命を招来したるは上御一人に対し奉り、また国民各位に対し深くその罪責を痛感するものなり」とあった。談話という一片の紙切れではなく、何故米内は国民の代表が集まる議場で責任を明らかにしなかったのであろうか。

帝国陸軍最後の二日間

帝国議会二日目の二十九日、この日は鳩山一郎、西尾末広という大物が壇上に登った。鳩山は言わずと知れた旧政友会の重鎮で、つい先ごろ結成されたばかりの日本自由党総裁、西尾も戦前からの無産政党議員で、これまた日本社会党を作り上げたばかりであった。

質問で異彩を放ったのは福家俊一という若手議員であった。二十代にして上海の国策新聞である大陸新報の社長となり、昭和十七年の翼賛選挙で当選し十八年に召集を受け復員したばかりであった。福家は一復員兵の立場として、終戦直後の軍需物資横領問題を厳しく追及した。外地で苦労してきた我々からすれば、内地の軍人は何をやっていたのかというわけである。陸相就任以来、これについては憤慨していた下村であったから率直に答弁した。

「終戦直後に於ける軍需品の不当処分、是は申すまでもなく多くの国帑、貴重なる資材を不統一なる状態を以て放流致しましたのみならず、先程福家君の言われました如く廉直公正なるべき軍人の精華を最後の局面に於て汚しました。内実を調べますと色々事情もあります。併し私は今日左様なことは申しませぬ。所謂火のない所に煙は立たないのであります。火元の一つは陸軍であります。私は其の火元の取締の総責任者として、議会を通じ国民諸君に深く御詫びを致します」

〝火元は陸軍〟と、これほどハッキリと責任の弁を述べた陸軍大臣は最初にして最後となった。そして、陸軍関係で摘発処分した件数は七二五件、米内海相は海軍関係で五〇〇件を処分したと明らかにした。下村にとっては前日に続き重ね重ねの謝罪となったわけだが、むしろ膿は徹底的に出すという心境だったのではなかろうか。

なお質問に立った福家俊一については筆者には記憶がある。昭和四十七年暮れの総選挙の際、香川県高松市を訪れて選挙のアルバイトをした。大学一年生であった。立会演説会場で候補者の演説を聞き流していたが、一人だけ面白い話をする人がいた。中身は全然覚えていないが、演説というよりも流れるような浪曲調であった。一体この人は何者なのかと思ったが、それが自民党から出ていた福家であったのだ。福家俊一は選挙では浮沈を繰り返したが（この選挙は落選）、政界有数の情報通として知られた。かっての彼の背後には甘粕正彦がいたという。

翌三十日、軍人として最後の日はかなり忙しかった。閣議があった。午後から議会があった。市ヶ谷の陸軍省でも職員への告別挨拶の他、残務整理をしなければならなかった。何よりも重要なことは、宮中へ出向き天皇陛下への報告があった。とにかく今日一日しかないのだ。

実際、下村が一番頭を砕いたのは陛下との対面であったろう。陛下への報告は上奏と呼ばれる。特に陸海軍の場合は特別に帷幄《いあく》上奏という。帷幄という言葉が発せられるのもこの日が最後となる。帷幄とは簡単に言えば幕のことで、ひいてはこの幕の中で作戦計画を練ることを意味する。だから帷幄の内は最高機密に属するわけで、総理、重臣といえども立ち入ることは許されなかった。軍部以外の国務大臣も政務報告として上奏するがその際は総理と一緒であった。内容を総理として知っておく必要があるからである。しかし陸の参謀総長、海の軍令部総長、陸海軍大臣は単独で上奏できた。しかも内閣には知らせる必要がなかった。何故なら軍事上の機密だからである。作戦については内閣は全く蚊帳の外だったわけである。

陛下は大元帥服を召されていた。陸海軍最後の日であることを考慮されたものであろう。最後の上奏である。

「顧みますれば明治三年一月十七日、明治大帝が御親兵とともに武運を祈られてより今日まで七十有余年、」

下村の口から先ず出たのは陸軍の来し方であったろう。一月十七日は一時期まで陸軍始めの日であった。上奏というよりも自らに語りかけるが如くであった。我が国の軍隊は天皇御親率のものであること、立派に統制を保ってきたものが現場指導層の不行届によりかって無き敗戦の恥辱を受けたこと、のみならず一朝にして国家を悲境に陥れてしまったことを縷々述べた。最後に下村は絞り出すような声で言った。

「かかる悲惨な状況の内に軍は解散をいたします。謹んで御詫びを申し上げます。しかし軍の解体後においても、旧軍人軍属は常にかねての聖諭を奉戴し良兵即良民として誓って皇国を護持いたします」

陛下は涙を流しながら唯一言、

「ありがとう」

上奏は終わったが、その後四十分にわたり陛下は胸の内を漏らされた。下村は嗚咽していた。お声は途絶えがちであったが血涙の叫びであった。この日、下村は日記に書いている。

「本日午前参内　陸軍大臣トシテ最后ノ上奏ヲナス
畏多クモ陛下ニハ終始御落涙遊ハサレ、陸軍ノ歴史ニ対スル御感懐ト共ニ予自身ニ対シテ過分ノ御詞ヲ拝受シ、不敬トハ知リ乍ラ御前モ憚ラス嗚咽セリ　依願免官ノ件御聴許アラセラル
恐懼ノ極ナリ」

正午、陸軍省の高等官食堂に入った。原守次官以下幹部職員が集まっていた。陸軍大臣最後の言葉が下村の口から出た。陛下への上奏内容、陛下の御言葉を伝えた後、何とも申訳の立た

ないこととして次のように述べた。

「最近重大なる問題に就て、態勢已むを得ずとは云いながら遂に初志を貫徹することが出来ず、誠に慚愧の至りに耐えませぬ」

恩給停止の鉄槌は錆びることなく心中に響いていた。このため辞表を捧呈したことを明らかにし、長年の忠誠に心からの感謝を表して壇上を去ったのである。実は下村には再就職先として第一復員省次官の椅子が用意されていた。それを断り一市井の人として生きることを選んだ。

午後は議会である。この日、陸軍大臣へ質問をしたのは北昤吉であった。北昤吉とは、かの北輝次郎こと北一輝の弟である。兄は二・二六事件で刑死したが、弟は学者、政治家として世を渡った。昤吉が衆議院の演壇に立ったことで、議員の誰もがかっての巨人北一輝を想ったことだろう。質問内容は軍閥についてであったが、簡単に答弁した。

霜月最後の日が暮れた時、議会は議事終了となり、下村の仕事も終わった。軍人とすれば軍隊を失うことは国家を失うことである。自らが国家の礎石であるとの信念で生きてきたのだ。当然身を削られる思いであったに違いない。だが他方において、この軍人には平凡な常識が働いた。切れ味一辺倒の人物であったなら終戦後の陸相は務らなかったであろう。この男ありてこそ陸軍は平穏に消えることができたと言える。まこと、下村を得たことは陸軍の終わりにとって幸いであった。

終　章　巣鴨拘置所の一年

昭和二十一年の元旦、市川の自宅では親子三人がゆったりとした新年を迎えた。日記に曰く、

「先年病気中ノトキヲ除キ　斯様ニ正月ラシイナキ正月ハ初メテナリ　家族ダケノ水入ラズニテ平和ナル生活ヲ送ルコトハ有難ケレド　敗戦ノタメアラユル方面ニ於テ嘗テナキ不快ナル世相ヲ見聞スルコト慨嘆ニ堪エズ」

異変は二月六日にやって来た。

「四谷ノ次官官舎ニテ篠田九市老ト面会中、板垣走リ逮捕令ノ来リシコトヲ告ク」

ここでいう次官とは陸軍改め第一復員省次官のことである。上月良夫中将が次官を務めていた。板垣は旧陸軍中尉で、下村の秘書官であった。その後復員省の職員となり、大臣在任中から手足となって働いた篤実な人である。逮捕令は本人にとって意外であったらしい。しかし心中その理由はわかっていた。自宅を訪ねて来た読売新聞の記者にこう話している。

「一九四二年十月、私が支那で日本第十三軍司令官をしておった当時、ドゥーリットル将軍傘下米飛行士の軍法会議に関連して逮捕令が出されたものと思ふ」（二月九日　読売報知新

聞）

米軍飛行士は三名が死刑を執行されていた。前年の十月には、前任の司令官だった沢田茂中将がこの件で逮捕され上海に送られていた。命令では九日夕方五時までに巣鴨拘置所へ出頭しなければならなかった。下村は持病を理由に自宅での抑留を希望したが、総司令部は軍医の診断の結果、認めなかった。自決を考えたのはこの時である。しかし自分はこの軍法会議には直接関係はないとの信念から、進んで巣鴨に向かったのであった。収監されたのは二月九日、下村にとって思いもかけぬ苦難の日々が始まった。

巣鴨拘置所三階四十一号独房。三畳ほどの一室が彼の住まいとなった。几帳面なこの人物は収監翌日の十日に早くも夫人に手紙を出している。

「昨夜ハドウニカ無事ニ過シタ　房内ニハ暖房ナク寒サハ相當ナモノナリ　房ハ北向キ三階四十一号独房デ洗面台ト便所ハ枕元ニアリ」

厳寒の二月、しかも北向きの部屋とあっては初日から落ち込んだに違いない。しかしさすがは帝国軍人である。日課をこなす如く最愛の芳子夫人に第一信をしたためた。差し入れは毛布一枚至急と書いた。また欲しいものとして、「フケトリ用の刷毛」も要求しているのは面白い。なかなかこの人物は身嗜みに気を使うとみえる。フランス生活の習慣はこんな環境のなかでも消えなかったということか。また下村は入所の日から獄中手記をつけ始めた。ノートの頭には本名ではなく坂本繁とある。別に初めに引用した日記があり、これは昭和二十年の元旦から二十二年暮れまでのものだ。

昭和二十一年のこの頃といえば、国民は一日一日の食料を得るために必死の毎日であった。皇居前広場で米よこせデモがあったのが五月のことである。プラカードのなかに赤インクで書かれた〝汝臣民飢えて死ね〟の文字が一際目立った。米よこせデモは、東京から神奈川、山梨、石川、大阪と広がっていった。まさに米騒動の再来である。そんな国民運動が続いていても巣鴨は別天地であった。

下村は何を食べていたのか。手記は記録している。

「二月十五日　朝　ドーナッツ一　リンゴ　灼玉子、　昼　ライスカレー（辛）、夕　マグロ切身　白飯　林檎

二月十六日　朝　味噌汁　昆布　飯　リンゴ、昼　コンビーフ　トマト　雑炊、夕　鰯磨身　スイトン　夏ミカン」

和洋折衷の食事である。米軍らしくコンビーフはよく出た。夏ミカンは冬にしては珍しい。特別贅沢なわけではないが、拘置所、それも米軍管理のこの施設の方が外よりも安定した食事を保障されていた。下村は家族への手紙で、自分は酒やタバコ、菓子がなくても苦にならないので、食事には不満がないと書き送っている。

一ヶ月ほど経過した三月六日と八日の両日、沢田中将の弁護人から下村の上海赴任前後の事情について審問があった。弁護人は米軍の中佐と大尉の二人であった。二人の話から上海の法廷に呼ばれることはないとの感触を得た。それでも沢田中将の裁判が終わるまでは、巣鴨を出ることはできないであろうと家族に書き送っている。

米軍ではドゥーリットル飛行士の処刑について克明に聴取が続けられていた。これら飛行士は昭和十七年四月十八日の日本空襲後、二機が浙江省と江西省に不時着したところを捕虜となり、軍事裁判にかけられたものである。日本空襲が軍事施設を狙ったものではなく一般人が居住する都市を爆撃したからという理由であった。事実、大本営海軍部の発表では死者四十五名、重傷者一五三名となっていた。

判決は十七年の八月二十八日に出ており、大本営の命令で八名に死刑が下されていた。問題は、その死刑が執行された日と下村が上海に赴任した日が重なったことにある。第十三軍司令官として上海に着いたのが十月十四日であった。南京の畑俊六総司令官からは、死刑判決の八名中五名を終身禁錮に減刑するよう命令が来ていた。翌十五日午前十時に正式着任（沢田中将と引継）し、三名の死刑が執行されたのが午後四時であった。おそらく新司令官の最初の仕事であったろう。つまり死刑は下村のもとで行われたのである。

昭和二十一年の始め、米軍は当時の第十三軍参謀長であった唐川安夫中将と面会し次の回答を得ていた。

「死刑執行に関してゼネラル下村は何をしたのか」

「執行に関しての最終的な命令は下村司令官によって下されたと信ずる」

この証言により下村の召喚逮捕が決まったらしい。だが唐川参謀長は当然のことを述べたに過ぎなかった。下村は着任前、東京で杉山参謀総長と面会した。杉山は、飛行士の判決については中央で最終的に決定したのであるから、決定を動かす余地はないと強調した。どうも参謀本部では、一機も撃墜できなかった恥を死刑執行で晴らしたかった風がある。結果として五名は減刑となったが、新司令官としては中央の決定通り執行命令を実行する以外なかったのである。

米軍側も次第にこうした経過を承知するようになった。罪を被ったのは前任の司令官であった沢田中将である。上海の軍事法廷では四月十二日に死刑の求刑があったが、二日後の判決は重労働五年であった。他に当時の法務官ら三名が有罪であった。中央の責任者である杉山はすでに自決している。この報告を聞いた下村は二十九日付けの手紙でこう書いた。

「澤田氏ノ裁判デ検事カラ死刑ノ論告ガアッタガ、判決ニハ五年ノ刑トナッタノデ丁度嵐ガフク前ニニワカニ天気ガヨクナッタ様ニ安心シタ　澤田氏ハ私ガ子供ノ時カラノ友ダカラ」

沢田は生まれも育ちも土佐である。金沢生まれの下村だが、本籍が同じ関係上、幼い頃から相知っていたらしい。

かくて疑いは晴れた。上海行も無くなった。五月になると今度は捕虜の取り扱いについて審問を受けた。そこで上海及北京に於ける俘虜収容所関係を供述書として提出した。

「下村（当時中将）ガ第十三軍司令官トシテ上海ニアリシトキ　其ノ令下ニ在リタル俘虜収容所ハ一ケニシテ上海市郊外江湾鎮ニアリテ所長ハ陸軍大佐大寺敏ナリキ　下村ハ此ノ間縷々大寺大佐ヨリ直接ニ或ハ参謀長ヲ通シテ間接ニ収容所ノ状況ニ関スル報告ヲ受ケ又二回自ラ同所ヲ視察セリ　俘虜ニ対スル故意ノ虐待其ノ他ノ不祥ナル事故ニ就テ報告ヲ受ケシコトナシ」（獄中手記）

この頃、北の独房から隣の棟に移された。二階の相部屋であったが、若い収容者と一緒で気が晴れた。ある日戸外の運動に出た時、二階の廊下で意外な人物とすれ違った。最初は風采の上がらない老人としか見えず通り過ぎた。ハッと記憶がよみがえり大声で呼びかけた。

「閣下、代表閣下、外務大臣閣下」

老人の肩が僅かに動いたようであったが、遠ざかっていった。かって雄弁を以てヒットラーをスターリンをも沈黙させた松岡洋右、国連総会で下村の眼に焼き付いた松岡洋右、希代の外交官は今巣鴨の人となり衰弱していた。昭和二十一年六月二十七日松岡は死んだ。

七月になった。相変わらず出してはくれない日々。一体どういうことか。最初は愚痴が出たが、この頃の手紙には憤慨の言葉を漏らすようになった。傍ら自分のような高位者は、さしたる理由がなくとも暫くは留め置かれるのだろうと諦めたりする。そんな中嬉しいのは面会日である。

「七月三十日　呼出シアリ節子ト面会ス　二人共元気デ無事ニ暮シテ居ルコト　二十四日カラ私ノ身分ガ容疑者カラ証人ニ変ッタコトナドヲ聞キ前日来ノ鬱憤少シク晴レル　然シ証人トシテ抑留スルトイフノハ実ニ奇妙ナ処置デ　ウッカリ安心ハ出来ズ第一無罪ヲ認メナガラ自由ヲ拘束スルノガ癪ニサワル」（獄中手記）

本人には伝えられていなかったが、二十五日に終戦連絡事務局から家族に証人としてまだ抑留する旨の連絡があったのである。手記では不満をぶちまけたが、却って気を引き締めた。部屋に戻って読み始めたのは、馬島健の『軍閥暗闘秘史』である。軍閥の系譜を簡潔的確にまとめたもので筆者も読んだ。下村はつくづく思う。

〝こんな政治的暗躍を知らなかったとは迂闊であった、無関心であったことは反省せねばならぬ、けれどよくぞこの荒波に巻き込まれなかったものだ、それは幸せであった〟と。

獄中手記の十月三十日

「「マ」司令部第二部ノ一将官ヨリ呼出シアリ　釈放ニ就テハ司令部側ニテモ努力中ナルモ本国ノ諒解ヲ要スル関係アル故暫ク辛抱セラレ度　ヤガテ自由ノ身トナルヘシ安心セヨトノ意味ヲ伝ヘテ帰去シタ　入所後最大ノ吉報ナリ」

十一月二十三日の手記によれば、前日から室内所持品が極端に制限され、筆記用具は鉛筆一本のみとなった。ために必要なことだけを記録せざるを得ないことになった。この理由についてはわからない。まさかと思っていたが巣鴨で年を越すことになった。昭和二十二年になって時折喘息の発作を起こしたため病院に移された。

「一月二十六日　午後本所ノ三六一病院ニ送ラル」（日記）

「三月七日　退院ヲ命ゼラレル」（日記）

七日には東条英機も入院してきたと記している。また巣鴨に戻ったが、この直後に近々釈放になると知らされた。日記には記載はないが十三日であったらしい。その十三日が来た。

「本日出所ノ約束ナリシ故　朝来心待チシタルモ遂ニ迎ヘノ者来ラズ」（日記）

「朝来一刻千秋ノ想　果報ヲ待ツ　迎来ズ」（獄中手記）

一日に非ず、〝一刻千秋〟なのにである。でも千秋はすぐ廻ってきた。翌十四日、下村は釈放された。戦後十年余を経て下村は晴れて参議院議員のバッジをつけることができた。ある年の園遊会のことである。大勢の招待客のなかに下村の姿もあった。昭和天皇は実直なこの男を覚えておられた。わざわざ歩み寄られてお声をかけられた。

「ああ、下村も元気でやっておるか」

あとがき

下村定の家は、東京から江戸川を越えた町の一角に今も在る。古い観音開きの正門が一際偉容を見せ、周囲の新しい家とは対照的な佇まいだ。

「この家は昭和六年に買いました。建物自体は大正時代のものなんですよ」

「部隊勤務の時は馬でしたから、この門を通って行き来したもんです。でも今はね、前の道が狭いので車が入りにくくて」

娘の河内節子さん、御高齢だが鮮明な記憶力で色々思い出を語ってくれた。節子さんが舞台人であった影響からか、ご子息もその血を引き俳優座のベテラン役者として活躍中だ。こうした芸術家資質の根源は、下村のフランス生活から来ているのであろう。

「芝居もカフェも色々体験したそうですよ」

昭和期の陸軍軍人には一群の目立つ人々がいる。それらは攻城野戦にしろ、政治への進出にしろ、昭和の陸軍を引っ張ったとされている。下村定という人はこの対極にいる。自身が述べた通り、軍閥や政治には無関係なのである。だから面白味には欠けるかもしれない。平凡だからである。しかし軍人は平凡たるべきなのではないのか。軍人勅諭にある通り、政治に首を突っ込むことなく、己が本分を尽すのが平凡、普通の姿なのである。大部分はそうだったはずである。その道をひたすら歩んで大将まで昇りつめた男が最後に課せられた任務が、何と明治以来の伝統の組織を無くすことであった。〝ああ何たることぞ〟と心中叫んだであろう。言い知れぬ葛藤の三ヶ月であったに違いない。そして自らの結論として議会で陸軍の非を謝った。率直に国民に述べた。下村に言わせれば、これぞ軍の名誉を保つことであったと思う。普通の人にして真の軍人というべきである。

令和元年七月

篠原昌人

主要参考文献

序　章

「獄中手記」（下村定関係文書その1）　国会図書館憲政資料室蔵
『米国国立公文書館機密解除資料　第七巻　CIA日本人ファイル』加藤哲郎編集・解説　現代史料出版　平成二十六年

第一章

「千九百十四年九月ニ於ケルマルヌ河畔ノ會戦ニ就テ　陸軍砲兵中尉下村定講演」『下村定関係文書その1』国会図書館憲政資料室蔵
『マルヌの会戦―第一次世界大戦の序曲―1914年秋』アンリ・イスラン著　中央公論新社　平成二十六年
『第一次世界大戦』リデル・ハート著　上村達雄訳　フジ出版社　昭和五十一年
『欧州大戦史の研究』陸軍歩兵大佐石田保政述　陸軍大学校将校集会所　昭和十三年
『仏独共同通史　第一次世界大戦（下）』ジャン＝ジャック・ベッケール＆ゲルト・クルマイヒ著　剣持久木・西山暁義訳　岩波書店　平成二十四年
La Marne, une victoire operationnelle 5-12 septembre 1914, Sylvain FERREIRA., 2017.

第二章

「鈴木貞一談話速記録」国会図書館憲政資料室蔵

「下村定関係文書（その1）」国会図書館憲政資料室蔵
「宇垣一成関係文書」国会図書館憲政資料室蔵
『中央公論』大正五年新年号
「大正デモクラシー期における兵士の意識　一兵士の手記『兵営夜話』から」一ノ瀬俊也『軍事史学』第三十三巻第四号　平成十年三月
「第一次世界大戦後の国防方針、所要兵力、用兵綱領の変遷（下）」島貫武治『軍事史学』第九巻第一号　昭和四十八年六月
『帝国議会衆議院議事速記録27』東京大学出版会　昭和五十六年
『原敬日記3（内務大臣）』原奎一郎編　福村出版　昭和四十年
『銀河の道―社会主義中尉松下芳男の生涯』中島欣也著　恒文社　平成元年
『外務省記録目録　第一巻』外務省外交史料館蔵
『戦争論　戦争の原則とその指導』フォッシュ著　陸軍画報社　昭和十三年
『やんちゃ孤独』東久邇稔彦著　読売新聞社　昭和三十年
『日本外交文書　国際連盟一般軍縮会議報告書第一巻』　外務省　昭和六十三年
『日本外交史　第十四巻　国際連盟における日本』鹿島研究所出版会　昭和四十七年
『近代戦争史概説　上』陸戦学会戦史部会編　陸戦学会　昭和五十九年
『松岡洋右―その人と生涯』松岡洋右伝記刊行会　講談社　昭和四十九年

第三章

「命　巻二」防衛研究所史料閲覧室蔵
「支那事変臨命綴　巻一」防衛研究所史料閲覧室蔵
「支那事変臨参命　巻一」防衛研究所史料閲覧蔵

「大本営に関する綴　昭和十二年〜十九年」防衛研究所史料閲覧室蔵
「支那事変関係一件　第一巻」外務省外交史料館蔵
「各種情報資料」国立公文書館蔵
「戦前期外務省記録」外務省外交資料館蔵
「支那事変上海戦跡案内骨子」上海海軍特別陸戦隊司令部　防衛研究所史料閲覧室蔵
「大東亜戦争海軍戦史本記一」海軍軍令部　防衛研究所史料閲覧室蔵
「第十軍作戦指導ニ関スル参考資料其二」第十軍参謀部第一課　防衛研究所史料閲覧室蔵
「支那事変ニ於ケル主要作戦梗概」参謀本部　防衛研究所史料閲覧室蔵
「自大正十四年一月至昭和五年六月平和条約実施関係書類」防衛研究所史料閲覧室蔵
「支那事変陸軍用兵計画」参謀本部作成　防衛研究所史料閲覧室蔵
「歩兵第六連隊第二大隊戦闘詳報　大場鎮附近ノ戦闘」防衛研究所史料閲覧室蔵
「歩兵第六十八連隊第一大隊秘史」渡辺淳発行　昭和五十一年　靖国偕行文庫蔵
「畑将軍と杭州湾上陸作戦」下村定　『偕行』昭和三十七年六月号
「昭和十二年十一月（近衛声明以前）日支和平意見要旨」高嶋少将史料　防衛研究所史料閲覧室蔵
「舐犢之訓」（下村定関係文書その1）　国会図書館憲政資料室蔵
「大山勇夫の日記」大山日記刊行委員会　昭和五十八年月　靖国偕行文庫蔵
「出征日誌」松井石根　靖国偕行文庫蔵
「作戦日誌　上海派遣軍参謀」西原一策大佐　靖国偕行文庫蔵
「昭和十年代初めにおける国防国策の策定」黒野耐　『国際政治』一二〇号　平成十一年二月
「ゼークトの中国訪問ードイツ側の政治過程および中国政治への波紋」田嶋信雄　『成城法学』七七号　平成二十年三月
「在華ドイツ軍事顧問団と日中戦争」ゲルハルト・クレープス　『軍事史学』第三三巻第二、三合併

号　平成九年十二月
『石原莞爾資料　国防論策篇』角田順編　原書房　昭和五十九年
『上海激戦十日間』坂名井深蔵編　揚子江社出版部　昭和十四年
『蔣介石の国際的解決戦略1937－1941』鹿錫俊著　東方書店　平成二十八年
『蔣介石　マクロヒストリー史観から読む蔣介石日記』黄仁宇著　東方書店　平成九年
『現代史資料9　日中戦争2　下村定大将回想応答録』みすず書房　昭和三十九年
『現代史資料12　日中戦争4　河邊虎四郎少将回想応答録』みすず書房　昭和四十年
『高杉晋作全集（下）』堀哲三郎編　新人物往来社　昭和四十九年
『ある革命家の回想』川合貞吉著　谷沢書房　昭和五十八年
『ドキュメント昭和2　上海共同租界』NHKドキュメント昭和取材班　角川書店　昭和六十一年
『歩兵第四十三連隊Ⅱ　支那事変篇』井上鋹晴編　㈱出版　昭和四十六年
『江南の土佐魂　歩兵第四十四連隊和知部隊戦記』歩兵第四十四連隊和知部隊戦記刊行同志会　高知新聞社　昭和五十五年
『ああ静岡三十四連隊・房だけの軍旗とともに』サンケイ新聞静岡支局編　昭和三十八年
『呉淞桟橋』春見三市著　松栄社　昭和四十一年
『第百一師団長日誌』古川隆久・鈴木淳・劉傑編　中央公論新社　平成十九年
『兵旅の賦　北部九州郷土部隊70年の足跡・第二巻』案浦照彦著　北部九州郷土部隊史料保存会　昭和五十三年
『作戦日誌で綴る支那事変』井本熊男著　芙蓉書房　昭和五十三年
『戦史叢書　支那事変陸軍作戦1』防衛庁防衛研修所戦史室　朝雲新聞社　昭和五十年
『戦史叢書　大本営陸軍部（1）』防衛庁防衛研修所戦史室　朝雲新聞社　昭和四十二年
『帝国議会衆議院議事速記録74』東京大学出版会　昭和六十年

『斎藤隆夫かく戦えり』草柳大蔵著　文藝春秋　昭和五十六年

第四章

「健康日記」、「更生報国」（下村定関係文書その２）　国会図書館憲政資料室蔵
「征戦閑話」（下村定関係文書その２）　国会図書館憲政資料室蔵
「「マ」司令部提出　帝国陸軍部隊調査表」防衛研究所史料閲覧室蔵
『丸別冊　忘れえぬ戦場』潮書房　平成三年七月
「大東亜戦争完遂ノ為ノ対支処理根本方針」防衛研究所史料閲覧室蔵
「解説―汪兆銘工作批判」住谷悌史資料　防衛研究所史料閲覧室蔵
「支那事変　南京総領事館ニ於ケル中毒事件」外務省外交史料館蔵
『近衛師団参謀終戦秘史』森下智著　（私家版）　平成二十年
『上海憲兵隊』久保田知績著　東京ライフ社　昭和三十一年
『上海テロ工作76号』晴気慶胤著　毎日新聞社　昭和五十五年
『戦史叢書　昭和十七、八年の支那派遣軍』防衛庁防衛研修所戦史室　朝雲新聞社　昭和四十七年

第五章

「下村陸軍大臣の終戦処理に関する資料」防衛研究所史料閲覧室蔵
「終戦から陸軍省廃止までの期間における連合国軍総司令部と陸軍との交渉の経過の概要について」防衛研究所史料閲覧室蔵
「終戦処理関係特別書類綴」防衛研究所史料閲覧室蔵
「軍需品処分調査関係綴」陸軍省軍事課資材班　防衛研究所史料閲覧室蔵
「陸密電１５０９号　復員ニ伴フ軍需品処理ニ当リ兵器弾薬等ヲ隠匿スル傾向ニ関スル件」防衛研究

所史料閲覧室蔵
「昭和二十・八〜十陸密綴　陸軍大臣」防衛研究所史料閲覧室蔵
「日記」（下村定関係文書その１）国会図書館憲政資料室蔵
「終戦時における北支那方面軍司令部の処置」厚生省引揚援護局資料室　靖国偕行文庫蔵
「中支那方面部隊略歴その二」厚生省援護局　靖国偕行文庫蔵
「復員日記　２０・８・１０—２１・１２・２３　美山要蔵」靖国偕行文庫蔵
「戦犯問題に関する元陸相下村定氏の口述」井上忠男戦争裁判資料　靖国偕行文庫蔵
「牧野伸顕関係文書」国会図書館憲政資料室蔵
「終戦処理の回顧」下村定　『偕行』昭和三十三年十一月号
「単独上奏の思い出」下村定　『月間市ヶ谷』昭和二十七年七月十五日
「サイクロトロン破壊事件」中山茂　『科学朝日』昭和六十二年九月号
「悲劇の将軍本間雅晴と共に」本間富士子　『文藝春秋』昭和三十九年十一月号
「一部に誤伝された北村旅団」下村定　『偕行』昭和四十一年三月号
「上海の八月十五日」岡崎嘉平太　『経営者』昭和四十年八月号
「発来簡綴—東京陸軍航空補給廠」防衛研究所史料閲覧室蔵
『秘録大東亜戦史　大陸朝鮮篇』池田佑編　富士書苑　昭和二十九年
『東久邇日記　日本激動期の記録』東久邇稔彦著　徳間書店　昭和四十三年
『東久邇政権五十日』長谷川峻著　行研　昭和六十二年
『日本外交文書　占領期第一巻』外務省編纂　平成二十九年
『内閣総理大臣演説集』内閣官房編　昭和四十年
『日本内閣史録５』林茂・辻清明編　第一法規出版　昭和五十六年
『ミズリー号への道程』加瀬俊一著　文藝春秋新社　昭和二十六年

『にっぽん秘録　安藤明の生涯』中山正男著　文藝春秋新社　昭和三十八年
『大転秘録　昭和戦後秘記』花見達二著　妙義出版　昭和三十二年
『資料日本現代史2』『資料日本現代史3』粟屋健太郎編　大月書店　昭和五十五、五十七年
『人間の極限　メレヨン島海軍軍医長の記録』森萬壽夫著　恒友出版　昭和五十一年
『戦後風雲録』森正蔵著　鱒書房　昭和二十六年
『橿原・昭和二十年―海軍経理学校予科生徒の記録』　平成七年
『日本軍隊用語集』寺田近雄著　学研パブリッシング　平成二十三年
『湯恩伯将軍・日本の友』湯恩伯記念会　昭和二十九年
『一軍人の憂国の生涯　陸軍中将土居明夫伝』土居明夫伝刊行会　昭和五十五年
『小説GHQ』梶山季之著　光文社　昭和五十一年
『戦後日本外交史I　米国支配下の日本』石丸和人著　三省堂　昭和五十八年
『隠された真相―暗い日本に光明』真崎勝次著　技報堂　昭和三十七年
『木戸幸一日記　下巻』木戸幸一著　東京大学出版会　昭和四十一年
『終戦史録』外務省編纂　新聞月鑑社　昭和二十七年
『次田大三郎日記』太田健一・岡崎克樹・坂本昇・難波俊成著　山陽新聞社　平成三年
『生活保障基本資料　第二巻』寺脇隆夫編　柏書房　平成二十五年
『帝国議会衆議院議事速記録81』東京大学出版会　昭和六十年
『北区史通史編・近現代』東京都北区　平成八年
『戦史叢書　昭和二十年の支那派遣軍〈2〉終戦まで』防衛庁防衛研修所戦史室　朝雲新聞社　昭和四十八年
『読売新聞縮刷版　昭和二十年版　下』日本図書センター　平成五年
『新聞集成昭和編年史　昭和二十年版V』明治大正昭和新聞研究会　新聞資料出版　平成九年

『終戦秘史有末機関長の手記』芙蓉書房　昭和六十二年
『朝日新聞縮刷版　昭和二十年下半期』　日本図書センター　昭和六十二年

終　章

「獄中手記」「日記」（下村定関係文書その１）　国会図書館憲政資料室蔵
『国際検察局（ＩＰＳ）尋問調書　第四十七巻』粟屋憲太郎　吉田裕編　日本図書センター　平成五年
『二つの戦犯裁判　ドゥーリトル事件はいかに裁かれたか』岡田舜平著　光人社　平成二十一年

下村 定　年譜

下村経歴

一八八七年(明治20)
　9月　石川県金沢にて出生
一九〇八年(明治41)
　5月　陸軍士官学校卒　第二十期
　12月　任砲兵少尉　野砲兵第十四連隊
一九一一年(明治44)
　12月　任中尉
一九一六年(大正5)
　11月　陸軍大学校卒　第二十八期
一九一七年(大正6)
　10月　参謀本部付
一九一八年(大正7)
　7月　任大尉
一九一九年(大正8)
　3月　フランス派遣
一九二二年(大正11)

社会事象

一八八五年(明治18)12月　内閣制度発足(伊藤内閣)
一八九四年8月～九五年4月(明治27・28)　日清戦争
一九〇四年2月～〇五年9月(明治37・38)　日露戦争
一九一二年(明治45)7月　明治天皇崩御
一九一四年(大正3)8月　第一次世界大戦勃発
一九一八年(大正7)7月　米騒動

一九二三年（大正12）
9月　参謀本部作戦課
一九二八年（昭和3）
8月　任少佐
一九二九年（昭和4）
1月　フランス・ドイツ派遣
3月　任中佐
6月　ジュネーブ軍縮会議委員
一九三一年（昭和6）
8月　任大佐
12月　ジュネーブ軍縮会議全権随員
一九三三年（昭和8）
12月　野戦重砲兵第一連隊長
一九三五年（昭和10）
3月　関東軍参謀
一九三六年（昭和11）
3月　任少将
一九三七年（昭和12）
8月　参謀本部第四部長
9月　参謀本部第一部長
一九三八年（昭和13）
1月　参謀本部付
9月　東京湾要塞司令官

一九二三年（大正12）9月　関東大震災
一九二六年（大正15）12月　大正天皇崩御
一九二八年（昭和3）6月　張作霖爆殺
一九三一年（昭和6）9月　柳条湖事件（満洲事変）
一九三二年（昭和7）1月　第一次上海事変勃発
5月　五・一五事件
一九三六年（昭和11）2月　二・二六事件
一九三七年（昭和12）8月　第二次上海事変（支那事変）
12月　南京陥落

一九三九年（昭和14）
　3月　任中将
一九四〇年（昭和15）
　8月　陸軍砲工学校長
一九四一年（昭和16）
　9月　陸軍大学校校長
一九四二年（昭和17）
　10月　第十三軍司令官
一九四四年（昭和19）
　3月　西部軍司令官
　11月　北支那方面軍司令官
一九四五年（昭和20）
　5月　任陸軍大将
　8月　陸軍大臣
　12月　免官
一九五九年（昭和34）6月～
一九六五年（昭和40）7月
　参議院議員
一九六八年（昭和43）
　3月　交通事故死

一九三九年（昭和14）8月　独ソ不可侵条約
一九四〇年（昭和15）9月　日独伊三国同盟締結
一九四一年（昭和16）12月　真珠湾攻撃
一九四四年（昭和19）7月　サイパン陥落
一九四五年（昭和20）8月　ソ連、宣戦布告　終戦
一九五一年（昭和26）9月　サンフランシスコ講和条約
一九六〇年（昭和35）5月　新日米安保条約国会可決
　7月　池田内閣発足
一九六四年（昭和39）11月　佐藤内閣発足

著者

篠原 昌人（しのはら まさと）
1954年栃木県生。1976年学習院大学法学部卒業。㈱フジテレビジョン入社、報道局、コンプライアンス部長を経て、㈱ディノス・セシールへ。2016年退職。現在は、和州遠山流盆石師範代。
主要著書：『知謀の人田村怡与造』（光人社）『陸軍戦略の先駆者小川又次』（芙蓉書房出版）『戦前政治家の暴走』（芙蓉書房出版）

非凡なる凡人将軍 下村定《しもむらさだむ》
—最後の陸軍大臣の葛藤—

2019年 7月29日　第1刷発行

著 者
篠原《しのはら》 昌人《まさと》

発行所
㈱芙蓉書房出版
（代表 平澤公裕）
〒113-0033東京都文京区本郷3-3-13
TEL 03-3813-4466 FAX 03-3813-4615
http://www.fuyoshobo.co.jp

印刷・製本／モリモト印刷

ISBN978-4-8295-0766-7

東北人初の陸軍大将大島久直

渡部由輝著　本体 2,500円

戊辰戦争・西南戦争・日清戦争・日露戦争。明治四大戦争すべてに従軍し、東北人初の陸軍大将となった旧秋田藩士大島久直の評伝。自伝や回想記などを遺していない大島の足跡を『第九師団凱旋紀念帖』をはじめ数百点の文献から浮き彫りにした労作。

米海軍戦略家の系譜

世界一の海軍はどのようにして生まれたのか

谷光太郎著　本体 2,200円

マハンからキングまで第一次大戦～第二次大戦終結期の歴代の海軍長官、海軍次官、作戦部長の思想と行動から、米国海軍が世界一となった要因を明らかにする。

現代の軍事戦略入門　増補新版

陸海空からPKO、サイバー、核、宇宙まで

エリノア・スローン著　奥山真司・平山茂敏訳

本体 2,800円

古典戦略から現代戦略までを軍事作戦の領域別にまとめた入門書。コリン・グレイをはじめ戦略研究の大御所がこぞって絶賛した話題の書がさらにグレードアップ！

日本の技術が世界を変える

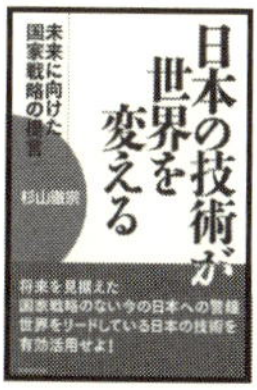

未来に向けた国家戦略の提言

杉山徹宗著　本体 2,200円

将来を見据えた国家戦略のない今の日本への警鐘。世界をリードしている日本の技術を有効活用せよ！

◆宇宙からのレーザー発電方式は日本だけが持つ開発技術◆豊富にある「水」を、渇水に悩む諸国に輸出したらどうか◆防災用にパワーロボットは不可欠……etc

【芙蓉書房出版の本】

初の国産軍艦「清輝《せいき》」のヨーロッパ航海

大井昌靖著　本体 1,800円

明治９年に横須賀造船所で竣工した初めての国産軍艦「清輝」が明治11年１月に横浜を出港したヨーロッパ航海は１年３か月の長期にわたった。若手士官たちが見た欧州先進国の様子がわかるノンフィクション。

知られざるシベリア抑留の悲劇

占守島の戦士たちはどこへ連れていかれたのか

長勢了治著　本体 2,000円

この暴虐を国家犯罪と言わずに何と言おうか！　飢餓、重労働、酷寒の三重苦を生き延びた日本兵の体験記、ソ連側の写真文集などを駆使して、ロシア極北マガダンの「地獄の収容所」の実態を明らかにする。

「技術」が変える戦争と平和

道下徳成編著　本体 2,500円

宇宙空間、サイバー空間での戦いが熾烈を極め、ドローン、人工知能、ロボット、３Ｄプリンターなど軍事転用可能な革新的な民生技術に注目が集まっている。国際政治、軍事・安全保障分野の気鋭の研究者18人がテクノロジーの視点でこれからの時代を展望する。

誰が一木支隊を全滅させたのか

ガダルカナル戦と大本営の迷走

関口高史著　本体 2,000円

わずか900名で１万人以上の米軍に挑み全滅したガダルカナル島奪回作戦。この無謀な作戦の責任を全て一木支隊長に押しつけたのは誰か？　従来の「定説」を覆すノンフィクション。